AF186921

Martin Kähler

## Der Brief des Paulus an die Galater

In genauer Wiedergabe seines Gedankenganges

Martin Kähler

**Der Brief des Paulus an die Galater**
*In genauer Wiedergabe seines Gedankenganges*

ISBN/EAN: 9783743628663

Hergestellt in Europa, USA, Kanada, Australien, Japan

Cover: Foto ©Lupo / pixelio.de

Weitere Bücher finden Sie auf **www.hansebooks.com**

# Der Brief
# des Paulus an die Galater

### in genauer Wiedergabe seines Gedankenganges

dargestellt

und übersichtlich erörtert

von

## D. Martin Kähler,

ord. Professor der Theologie.

## Osterprogramm

der

### Königl. vereinigten Friedrichs-Universität
### Halle-Wittenberg
1884.

---

### Halle,

Druck der Heynemann'schen Buchdruckerei.
(J. Fricke & F. Beyer.)
1884.

# Der Inhalt des Briefes in der Beleuchtung durch die Geschichte.

Wenn man von der geschichtlichen Bestimmtheit der biblischen Schriften spricht, denkt man, und gewiß mit Recht, zunächst an die geschichtlichen Verhältnisse, unter denen sie entstanden sind. Ohne die Bekanntschaft mit jenen Umständen giebt es kein vollständiges geschichtliches Verständnis derselben. Nur liegen leider die Dinge vielfach so, daß jene Verhältnisse uns bloß in sehr ohngefähren Umrissen bekannt sind. Die genaueren Linien an dem Bilde der Lage, welche die Voraussetzung einer Schrift bildet, muß dann der Forscher den Andeutungen nachzeichnen, welche sie selbst darbietet; und wie oft hat die Hand dabei keinen andern Führer als die Vermutung. Das lediglich geschichtliche Verständnis in diesem Sinne wird deshalb immer ein sehr bedingtes bleiben. Bei diesen Büchern kann man indes auch noch in einem andern Sinne von geschichtlichem Verständnisse reden. Dieselben sind nicht allein die Stücke einer toten Literatur, sondern sie sind zugleich die Teile der durch die Jahrhunderte fortwirkenden Bibel. Auch rein äußerlich geschichtlich gewogen, bleibt die folgenreichste Nachwirkung irgend einer andern Literatur oder eines geistigen Meisterwerkes weit hinter der allseitigen Fortwirkung der heiligen Schrift zurück. An dieser Fortwirkung haben auch die einzelnen Stücke der Bibel ihren besondern Anteil. Und wem es nun darauf ankommt, denjenigen Gehalt einer biblischen Schrift vollständig und mit eindringendem Verständnisse zu erheben, der ihren unvergänglichen, fortzeugenden und maßgebenden Wert bedingt, der wird durch die Geschichte der Wirkung derselben in der weiteren Entwickelung der Christenheit ebenso gut und oft besser belehrt werden, als durch die unsicheren Rückblicke in ihre Ent-

1

stehungszeit, welche der Nebel einer durch keine andern Zeugen
beleuchteten Vergangenheit einhüllt. War es ein zutreffender Blick,
wenn J. Chr. K. von Hofmann den kanonischen Wert der neutestamentlichen Schriften sich aus dem kanonischen Werte der
urchristlichen Vorgänge für die weitere christliche Geschichte entwickeln sah, so wird umgekehrt die in dieser Geschichte aufweisbare
kanonische Wirkung auch den kanonischen Gehalt erkennen und
wägen lehren. Die Analogieen und Correspondenzen der Ent-
wickelungen des religiös-sittlichen Lebens, die sich über den immer
gleichen Grundlagen erheben, sind es dann, deren auslegender
Wert hier zu einer wahrhaft sachlichen, zu einer wahrhaft theolo-
gischen Auslegung führt.

Unter solchen Voraussetzungen erscheint es in der Erörterung
über den Inhalt einer biblischen Schrift nicht als müßiges Bei-
werk, wenn man der Bedeutung nachfragt, welche sie in der Kir-
chengeschichte gewonnen hat. Die Stellen, an denen sie wirksam
geworden ist, die Fragen, deren Beantwortung man bei ihr ge-
sucht und gefunden hat, werden auch auf die Besonderheit hin-
deuten, welche sie von ihrer Umgebung unterscheidet; und eben
damit wird man einen Fingerzeig auf den eigentlichen Kern derselben erhalten. Eine willkürliche Handhabung dieses Auslegungs-
mittels kann freilich auch verwirrend wirken; indes das Bemühen,
diese Untersuchung nicht in vereinzelter Willkür, sondern auf grund
einer geschichtlich umfassenden Beobachtung zu führen, trägt die
Hilfsmittel berichtigender Ergänzung in sich. Das läßt sich an
der vorliegenden Schrift anschaulich machen, und in diesem Sinne
sei der Versuch unternommen, den ihr eigentümlichen Gehalt auf
die Quellpunkte zurückzuführen und von da aus den Gang zu
verstehen, welchen der Apostel nimmt, um jenen Inhalt zweck-
dienlich zum Ausdruck zu bringen. Eine solche so zu sagen kirchen-
geschichtliche Betrachtungsweise führt zugleich die lebendigen Bezüge
auf die Gegenwart in den Gesichtskreis; und so erweist sie nicht
nur die immer neue Anwendbarkeit dieser „christlichen Classiker,"
sondern ruft auch das immer wieder sich erneuernde Erleben zum
vollen Verständnisse der beurkundeten Vergangenheit herbei.

Was man daneben über die geschichtlichen Verhältnisse jener
Tage anzuführen hat, ist auch für diesen Brief zur Beleuchtung
seines Inhaltes entweder nicht wichtig, oder nur sehr mittelbar.

Das Letzte ließe sich etwa von dem Inhalte des ohngefähr demselben Zeitraume angehörenden ersten Briefes nach Korinth sagen[1]). Dagegen liefern die bestimmten Angaben, die man sonst über Galatien findet, nicht einmal deutlich den Zeitpunkt für die erste Anwesenheit des Apostels in jener Landschaft[2]); die Erwähnung seiner späteren Durchreise bietet keine weitere Kunde von der Sachlage[3]). Der Versuch, anstelle wirklich galatischer Christen die Erstlinge der paulinischen Mission in Lykaonien und Pisidien zu schieben, schafft nur Schwierigkeiten für das Verständnis der ersten Kapitel[4]), ohne dafür einen Ersatz dadurch zu bieten, daß man sich nun die Verhältnisse der Gemeinden irgendwie lebendiger und bestimmter vorführen könnte; denn was weiß man doch von denselben?

--------

## Der Galaterbrief und die andern Briefe des Paulus.

Zweimal in der neueren Geschichte der Kirche hat der Galaterbrief in dem Mittelpunkte theologischer Arbeit gestanden, beidemal einer wissenschaftlichen Arbeit von einer Tragweite, die weit über die Wissenschaft hinausgreift. Es war zuerst in den Tagen der Reformation; zum andern Male ist es unter unsern Augen geschehen, nämlich, als die Tübinger kritische Schule eine Umwälzung in der Betrachtung und Schätzung des Urchristentumes unternahm. Im sechzehnten Jahrhunderte galt es vor allem der reinen Lehre des Evangeliums, und fortan wird diese Schrift als biblische Grundlage der Lehre von der Rechtfertigung und von der christlichen Freiheit neben dem Römerbriefe thetisch und polemisch ausgenutzt. Eine Einseitigkeit in der Auffassung ist die Folge hievon gewesen, welche noch nachwirkt, wenn man den Inhalt dieses Sendschreibens sozusagen nach locis disponiert; indes diese Einseitigkeit hat ihre zurechtweisende Ergänzung in der andern erwähnten Erscheinung gefunden. Ihr Absehen ist zunächst bloß

--------

1) 1 Kor. 16, 1 f. — 1, 12 f. 7, 18 f. 9, 19 f. — etwa noch 4, 14 f. — 2) Apg. 16, 6. — 3) Apg. 18, 23. — 4) Apg. 13, 14 f. 16, 1 f. Gewiß ist 1 Petri 1, 1 dieser Verlegung der galatischen Kirchen nicht günstig. Die Schwierigkeiten liegen in der Art, wie Gal. 1. 2. die Vorgänge besprochen werden, über welche jene Christen laut Apg. 16, 4 längst und ausführlich unterrichtet sein mußten.

auf die Herausstellung der geschichtlichen Thatsachen gerichtet, in denen der Eintritt des Christentumes in die Geschichte sich vollzogen hat. Fortan wird der Galaterbrief zu einer Urkunde, deren zutreffende Einfügung in das zu gewinnende Gesamtbild der Urgeschichte auch sein Verständnis im ganzen und im einzelnen bestimmt. Beidemal begegnet man auf den ersten Blick nur wissenschaftlichen Gesichtspunkten, dort theoretischen, hier historischen; aber das liegt doch nur für einen oberflächlichen Blick so. Jener Streit um die Lehre vor viertehalb Jahrhunderten ist ja ein Kampf um das Leben gewesen; und daß er nicht etwa der Vergangenheit zugewiesen werden könne, daß jeder evangelische Christ noch heute, er mag das wissen oder nicht, wollen oder nicht, in dieselbe Fehde verflochten ist, daran hat doch die Gedächtnisfeier Luthers jüngst vernehmlich genug gemahnt. Meinte aber jemand, die neuere kritische Untersuchung sei und bleibe doch nur Sache der Schule; es sei nicht begreiflich, wie man sie auch nur zugleich nennen möge mit jener tiefsten Wandlung in der Geschichte der Kirche, so wäre das doch eine Unterschätzung. Nicht ein einzelner wichtiger Punkt in dem Leben des Heidenapostels, nicht die im Übrigen völlig unbekannte Christenheit der galatischen Landschaft fesselt die Aufmerksamkeit jener historischen Kritik, sondern die große Frage nach dem Ursprunge und dem Werte des Christentumes wird in diesen geschichtlichen Untersuchungen verhandelt. Läßt dieser Brief in eine tiefe Kluft zwischen Paulus und den Schülern Jesu hinein schauen, dann ist dem Vertrauen der Kirche auf die maßgebende Bedeutung des einen wie der andern der zureichende Grund entzogen. Verspottet und verleumdet hier der Heidenapostel die Leiter der Urgemeinde in ihrer geschichtlichen Beschränktheit; leitet er selbst sein überlegenes Evangelium aus einer rein subjectiven Quelle ab, nicht ohne sich als Beute einer Selbsttäuschung zu zeigen, — dann ist ja hier die Urkunde aus der Geschichte des Urchristentumes gewonnen, um das geschichtlich begründete und das religiös sich geltend machende Ansehen in ihrer einseitigen Bedingtheit nachzuweisen und an einander zu zerreiben. Der inhaltlich bestimmte Glaubensgehorsam darf als Zurückbleiben auf niederer Stufe beurteilt, die inhaltlose Religiosität als das Wesentliche an seine Stelle geschoben werden. Dergestalt greift diese scheinbar bloß geschichtliche Untersuchung gewaltig hinein in das Wurzelgebiet christlichen und kirchlichen Lebens. Sie ist ein bedeutsames Glied in der Kette der Bewegungen, welche die Emancipation des Bewußtseins von der Geschichte vollziehen; denn der maßgebende Wert des Geschichtlichen steht und fällt letztlich mit dem Ansehen der geschichtlichen Offenbarung. Und so steht jeder heutige Theologe, jeder nachdenkende Christ, er mag das wissen oder nicht, wollen oder nicht, mitten in dem Gewoge des Streites um jenen Wendepunkt in der Urgeschichte der Kirche. Was hat damals und was hat jetzt gerade diese Schrift in den Brennpunkt der Verhandlung hineingerückt?

Luther hat einmal von dem Galaterbrief gesagt: „Das ist mein Brief, mit dem ich mich verlobt habe.“ Er hat ihn wiederholentlich mündlich ausgelegt, und ihm unter allen neutestamentlichen Schriften die meiste schriftstellerische Sorgfalt zugewendet. Seinen bekannten doppelten Commentar zählte er selbst unter seine besten Bücher und sein Biograph J. Köstlin nennt denselben das bedeutendste unter Luthers wissenschaftlich dogmatischen Werken. Dergestalt hat der Reformator diesem Briefe einen Vorzug eingeräumt, selbst im Vergleiche mit dem an die Römer, an dessen Worten ihm doch sein fröhlicher Glaube aufgegangen war. Es wird sich eine ganze Reihe zutreffender Beobachtungen anstellen lassen, welche dieses Verhalten Luthers erklären; den letzten und entscheidenden Antrieb hat doch vielleicht die Wahlverwandtschaft der Personen gebildet, sofern sich nämlich die Person des Apostels auf diesen wenigen Seiten am vollständigsten und am schärfsten abzeichnet. Beide Lehrer der Kirche legen Gewicht auf Bestimmtheit und Deutlichkeit der Lehre; sie zeigen sich in der Darlegung der Lehre und in dem Kampf um sie eifrig und gewandt; allein wenn ihre Lehrthätigkeit durchschlug, so bildete das Mittel nicht eine Entdeckung, welche forschende Geister fesselt, vielmehr das Zeugnis, welches suchende, zerrissene Herzen befriedigt. Solches Zeugnis ist immer in irgend welchem Grade die Selbstaussage der Person. So ist auch bei diesen beiden Männern der Kern ihrer Lehre, welcher ihrer Arbeit die durchschlagende und fortwirkende Kraft verlieh, nicht zu trennen von ihrem wichtigsten Erlebnisse und von ihrer geschichtlichen Gesamterscheinung. Und dieser erste unter seinen sogenannten großen Lehr- und Streitbriefen zeigt nun den Apostel in dieser unlöslichen Verflochtenheit seines bauenden und streitenden Lehrens mit seinem Gesamtverhalten in dem ihm gewordenen Berufe und mit seinem innersten Erleben. Persönlich eins geworden mit der Arbeit an der Begründung der freien Menschheitskirche, prägt er unwillkürlich seinen Charakter auf diesen Blättern ab. Überall leibt und lebt er, ein ganzer Mann, bei dem Glauben und Reden, Lehren nnd Handeln, Pflanzen und Pflegen, Angreifen und Vertheidigen immer bei und in einander sind. Und in dieser Selbstbeweisung deckt sich Person und Aufgabe, Erfahrung und Lehrinhalt, Verhältnis zu seinen Gemeinden und Christenstand derselben für ihn völlig. Darum ist der Brief fast durchweg zugleich Selbstbekenntnis des Verfassers, Unterricht an die Leser und Kennzeichnung der infrage kommenden Personen, zugleich Ausschnitt aus dem Leben des Apostels, Entwickelung evangelischer Wahrheit und Seelforge an den unsicher gewordenen Christen.

Dieses Selbstgemälde wird nun zugleich zu einer Geschichtsurkunde ersten Ranges; denn es hebt sich in Hoch-Relief von dem Hintergrunde eines Verlaufes von Thatsachen ab, denen unvergleichliche Bedeutung eignet. Denselben bilden die Vorgänge, deren Veranlassung und Bewältigung das Dienstleben des Apostels als seinen wesentlichen Inhalt umspannt. Hatte er doch die Herauslösung und Ablösung der freien Menschheitskirche aus und von dem geschichtlichen Körper der vorbereitenden Offenbarung, aus und von dem Gesetzesvolke zu vollziehen. Nicht etwa in dem Sinne, daß er der jungen Christenheit eine Brücke gebaut hätte zu ihrer Ethnisierung, in der Richtung einer Säcularisierung oder Verweltlichung. Sein Ziel lag ja nicht in einem toleranten Pantheon, an dem eine allegorisierende Philosophie den Priesterdienst thut, sondern in der einheitlichen Menschheit des Messias, des andern Adam[1]). Wenn jene Ablösung von dem jüdischen Volke zu vollziehen war, so sollte damit die Ablehnung nicht fallen, welche der Gottesglaube des alten Bundes dem Weltleben mit seinem Verderbensgehalte angedeihen ließ[2]); vielmehr auch in dieser Ablehnung überbietet das große Neue die vorbereitende Offenbarung samt ihren geschichtlichen Erzeugnissen[3]); jedoch nicht

---

1) 3, 27. 28 vgl. 6, 15, 2 Kor. 5, 17 f. Röm. 5, 12 f. — 2) vgl. 3, 23. 24. 2, 15 f. — 3) 1, 4. 6, 14. 15. 5, 24.

allein und zumeist in ihr, sondern vornehmlich durch den eignen
Lebensgehalt[1]); und so betrachtet rückt es sie mit dem heidnischen
Weltleben zugleich aus dem Gesichts- und Lebenskreise des Chri-
stusglaubens heraus[2]). Aber diese Überbietung reißt für den ge-
borenen und überzeugten Juden eine Kluft auf, welche in der
That einer Überbrückung bedarf. Und wie sie für den Juden
eine solche Kluft im Leben schafft, so in der Anschauung für einen
jeden, welcher seine gläubige Betrachtung auf die vorbereitende
Offenbarung richtet, nämlich auf dasjenige, was in ihr Offenbarung und mithin von unveräußerlichem Gehalte ist. Hier
mußte ein Übergang gewonnen werden. Derselbe war schwer,
denn er konnte nicht vollzogen werden, ohne daß manches Ehr-
würdige brach und riß; und er durfte nicht vollzogen werden,
ohne daß der Christ klar schauend die Unhaltbarkeit des bisherigen
Standes erkannte und fest auftretend Fuß faßte auf dem jensei-
tigen Ufer, gefeit gegen jede Anwandlung von Schwindel, die ihn
reizen konnte, auf den gewohnten Platz zurück zu treten.

Diesen schweren Übergang hat Paulus zuerst in seinem
eignen Einzelleben gewonnen; er hat ihn in allen Tiefen durch-
gekämpft und dann entschieden und restlos vollzogen. In diesem
Schriftstück erschließt er uns die Durchschau dieses Vorganges bis
in sein Innerstes hinein[3]). Aber der Fortschritt mußte auch in
seinen Volksgenossen zu voller Klarheit durchgerungen werden.
Auch die Vorgänge, welche das vermittelten, zeichnen sich in ihren
wichtigsten Zügen vor dem Leser des Briefes ab. Wir sehen die
am höchsten aufragende Gestalt unter diesen, Simon Petrus, auf
der Bildfläche erscheinen, umgeben von seinen ebenbürtigen Arbeits-
genossen, dem noch überlebenden Zebedäiden und jenem Bruder
des Herrn, dem bei den Verhandlungen der Vortritt vor dem
Apostel der Beschneidung zufällt[4]); und zugleich als Gegenstück
diejenigen, welche jenen Übergang selbst nicht machen wollen und
ihn überhaupt aufhalten möchten[5]). Den Hintergrund bilden die
Gemeinden der Beschneidung[6]), auf deren tiefe Erregung schließen
läßt, was von den Unklarheiten und Meinungsabweichungen, von

---

1) 3, 26—28. 4, 3 f. 5, 5. 6. 6, 15. — 2) 4, 8—10 vgl. 3.
3) 2, 19 f. vgl. noch 1, 13 f. 6, 14 f. und 3, 11 f. mit 2, 15. 16, 5, 2,f.
— 4) 2, 9. 1, 19. — 5) 2, 4 f. — 6) 1, 22 f.

dem Zaudern und Schwanken, von dem Eifer und der Betrieb-
samkeit der Handelnden hell heraustritt[1]). Ja endlich muß dieser
Übergang noch einmal an einer andern Stelle fast neu gemacht,
jedenfalls gesichert werden, nämlich innerhalb der freien Menschheitskirche selbst, die so kühn in Gottes Namen aufgerichtet worden
war. Das hat mehr als ein Jahrtausend nachgezittert; aber der
erste Kampf darum spielt sich hier vor unsern Augen ab. Er ist
von dem Apostel aufgenommen und urbildlich geführt. Und
möchten auch diese Erlebnisse der Galater an sich noch so folgen-
los, sei es für sie selbst, sei es für die Gesamtheit der damaligen
Christenheit geblieben sein — umsonst hat der Apostel den Streit
nicht gestritten; dafür bürgt uns die Erinnerung an den Ausgangspunkt dieser Erörterung, an die Bedeutung dieser wenigen
Blätter für den Urheber der Reformation. Eben damit aber
vergegenwärtigen wir uns, daß der Sieg, den der Apostel errun-
gen hat, keinenfalls ein Sieg von zunächst durchschlagender Tragweite gewesen ist. Nicht nur die Dämmerung geschichtlicher Un-
sicherheit liegt auf seinen etwaigen Erfolgen. Stellen wir uns
auf seinen Ort in der Geschichte und schauen mit dem Auge des
Geschichtskenners voran, so blicken wir hinein in das Dunkel des
vorläufigen Mißlingens, hinaus auf eine Heidenkirche, die doch so
wenig eine Pauluskirche war, daß sie in ihrem dankbaren Ge-
dächtnis an die Stelle ihres Begründers den in Antiochia zurecht-
gewiesenen Kephas schieben konnte, fortan vielfach vergeblich bemüht, diesem unumstößlichen Document einer sehr andern Sachlage
auf Umwegen seine Zeugniskraft zu nehmen. Darum fließt die
Befriedigung bei der Beschäftigung mit diesem Stücke apostolischer
Geschichte für uns nicht aus dem Abwägen der damals errungenen
Erfolge; sie fließt allein aus dem Gehalt des Kampfes und des
Kämpfers; aus der Bewunderung für die Zuversicht, welche diesem
mit seiner Sache eins gewordenen Manne sein Recht auf den
Sieg verleiht, lausche man ihm, wie er notgedrungen von seinen
eignen Handlungen berichtet, folge man aufmerksam seinen weit-
schauenden heilsgeschichtlichen Darlegungen, prüfe man sein scharf
gefaßtes Urteil, gebe man sich auch mit empfänglichem Gemüte

---

1) Besonders 2, 11 f.

den ergreifenden Tönen hin, in denen seine Liebe um seine geist-
lichen Kinder wirbt.

Und hiermit legt sich zutage, weshalb diesem Büchlein
überall und immer die entscheidende Bedeutung zusteht, wo und
wann es sich um den Inhalt des Evangeliums handelt, dessen
Verkündigung die Weltkirche gepflanzt hat, und um die Quelle,
aus welcher dieses Evangelium stammt und für die Christenheit
sein Ansehen gewinnt. Die offenbarungleugnende Geschichtskritik
oder kritische Geschichtsforschung muß diesen Brief zum Ausgangs-
punkte machen; sie muß es gerade ebenso, wie jede christliche Geschichtsforschung, welche sich überzeugt und bereitwillig unter das
Ansehen der mit Offenbarung betrauten Boten Christi stellt.

Denn der Galaterbrief ist der Paulus der Geschichte, der
ganze Paulus, aber im engsten Rahmen. In diesem Werte hebt
er sich aus dem auf uns gekommenen Nachlasse des Apostels
heraus. Nicht die allseitigste der paulinischen Schriften, nämlich
der erste Brief nach Korinth, nicht alle andern zusammen würden
ein so bestimmt umrissenes Bild von ihm ergeben. Was hier
zusammengefaßt erscheint, verteilt sich dort. Die Lehrentwickelung
des Römerbriefes hat man hier zusammengezogen finden wollen,
und etwas ist daran. Der Kampf um das Ansehn des Dienstes
und der Person wird hier wie in dem zweiten Schreiben an die
Korinther gefochten, und auch die Rechtfertigungswaffe der Spende
nach Jerusalem fehlt nicht[1]); aber so gründlich wird die Streit-
frage dort nicht ausgetragen, mag sie auch wirksamer, weil unter
andern Voraussetzungen, erledigt sein. Das innige Anziehen der
persönlichen Bande wie gegenüber den Thessalonichern; indes die
kürzeren Andeutungen weisen doch in einen reicheren Wechsel von
Beziehungen hinein, wie die Länge der Zeit seit der Gemeinde-
stiftung nicht minder als die besondere Gestaltung der Verhältnisse
einen solchen mit sich brachte. Dasselbe peinliche Mißverständnis klingt noch in den Gefangenschaftsbriefen nach; aber die Stelle
des Angriffes ist verschoben; Trübungen und Unsicherheiten sollen
abgeschnitten oder überwunden werden, doch geht es nicht mehr
um Sein oder Nichtsein des Christenstandes. Verwandte Anlässe
und Stimmungen bewegen den Apostel im Philipperbriefe, doch

---

1) 2, 10 vgl. 2 Kor. K. 8 f. 1 Kor. 16, 1 f.

nur wie im Rückblick und als abgemachte Sache, verhandelt vor
der Gemeinde, bei der des Apostels Herz getrosten Mutes aus-
ruhen durfte, weil der lebensmüde Streiter um sie nicht noch einmal zu ringen hatte[1]).

Daß er mit den Gegnern seines Lebenswerkes schon ehedem
seine Sache ausgefochten, daran besteht unserm Brief gegenüber
kein Zweifel. Allein nicht so sicher läßt sich in diesem Betracht
über die Gemeinden sprechen, welche er selbständig nach seinem
Auszuge von Antiochia gegründet hatte. War dieser Brief wohl
das erste Treffen mit jenen auf dem Boden seiner Menschheitskirche? Es dürfte wohl so sein. Zwar lassen sich Anzeichen von
Irrungen aufspüren, mit denen es Paulus in Galatien schon zu
thun gehabt hatte, als er seine dortigen Gemeinden zum ersten-
male visitierte[2]). Allein, wenn sie auch eine solche Vermutung
ausreichend begründeten, keinesfalls kann es sich damals schon um
die störende Einwirkung solcher Fremden gehandelt haben, die des
Apostels grundsätzliche und persönliche Gegner zugleich waren.
Denn ihre Erwähnung trägt ganz den Zug der Beseitigung eines
noch frischen Notstandes[3]). Dann gleicht das Schreiben einem
Feldzuge, der mit einer entscheidenden Schlacht beginnt und schließt.
Es faßt sich alles in den Ernst der entscheidenden Fragstellung und
Beantwortung zusammen. Keine Plänkeleien und Vorbereitungen,
keine nachgehende Anknüpfungen und Verfestigungen. Wie der
Schlag auf die wunde Stelle unangemeldet fällt, so tönt der
entscheidende Ernst noch in dem Abschiedsworte schneidend und
vollwuchtig aus[4]). Diese Sachlage dürfte auch die gedrängte
Vollständigkeit erklären, in welcher hier die Beweismittel für die
Berechtigung der paulinischen Verkündigung bei einander gefunden
werden. Seine Gleichberechtigung mit den Aposteln der Beschneidung hat er späterhin nicht mehr aus der Geschichte seiner Betrauung mit dem Amte zu belegen gebraucht; höchstens hat er
noch Folgerungen aus ihr ziehen, die Übereinstimmung aller
Boten unter einander betonen müssen[5]), um auf Grund derselben
in durchschlagender Selbstbezeugung und vernichtender Ironie die

---

1) vgl. 4, 19 mit Phil. 1, 3—11. 25—30. —   2) Apg. 18, 23. ·
vgl. Gal. 4, 13. — Gal. 1, 9. 4, 18. 5, 3. —   3) 1, 6. 5, 7 f. —   4) 1, 6 f.
6, 11—17. —   5) 1 Kor. 9, 1 f. 15, 11.

gegen ihn erhobenen Anklagen und verkleinernden Ausstellungen zu beseitigen[1]). Auf das Verhältnis der evangelischen Wahrheit zu ihren wesenhaft unterschiedenen Vorbereitungen, zu Gesetz und zu Verheißung, kommt er noch öfter zu sprechen; so grundsätzlich indes, so ausschließlich unter dem Gesichtspunkte, den die geschichtliche Beziehung beider Offenbarungsökonomieen zu einander an die Hand giebt, so völlig ohne Rücksicht auf die Vergangenheit der heidnischen Christen wie hier hat er es nicht wieder erörtert. Endlich die Freiheit in Christo hat er wohl auch anderwärts mit mißverständlichen Vermischungen und Bewegungen auseinander gesetzt[2]); allein ihre Geltung setzt er fortan als anerkannt voraus. Die Forderung der Beschneidung, an welche die Gefahr für die Behauptung jener Freiheit hier wurzelhaft gebunden erscheint, klingt in den andern Kämpfen nicht wieder an.

Die Strahlen der heilsgeschichtlichen Wirkung des Apostels brechen hier morgenblich frisch durch die Wolkenbank der Überlieferung, welche das Licht zu erdrücken droht; es ist ein zusammengefaßtes zuckendes Aufleuchten, dessen fortschreitender Bewegung wir zuschauen können. Am Abend seines Lebens waren die Grundlagen für den Bau der Menschheitskirche unerschütterbar gelegt; seine Lebensarbeit war als treibender Keim in den Boden des geschichtlichen Lebens gesenkt. So besorgt er in vielem Betracht auch in die Zukunft sehen mochte[3]), in den großen Grundzügen und für das große Ganze war der Erfolg seiner Wirksamkeit gesichert, in welcher er selbst einen hervorstechenden Zug in der Ausführung des göttlichen Heilsrates erkannte. In dieser Auffassung zeigt er die Auseinandersetzung der christlichen Mission mit ihren thatsächlichen Voraussetzungen, die aus dem alten Bunde erwachsen waren, den Vorderasiaten als eine im Wesentlichen abgeschlossene Thatsache auf; und da wird das zündende Aufflammen dann ersetzt durch die ruhige Beleuchtung einer rückwärts gewendeten Betrachtung[4]).

---

1) 2 Kor. 10 f. — 2) 1 Kor. 8—10. Röm. 14. 15. — 3) Kol. 2, 1 f. Eph. 4, 14 vgl. Apg. 20, 29 f. — 4) Eph. 1, 8—12 vgl. Kol. 1, 23—29.

# Paulus und das Evangelium nach dem Galaterbriefe.

Liest man die Stellen, in denen Paulus die Beschneidung erwähnt, so erscheint er dort fast am meisten persönlich gereizt[1]), aber er wendet auch die nachdrücklichsten Mittel der Überführung an; einerseits führt er die letzten Instanzen des Christentumes in den Streit ein[2]), anderseits geht er auf die unwiderleglichen geschichtlichen Belege zurück[3]). Die Nötigung der Christen zur Annahme der Beschneidung muß wohl der faßbarste Punkt an dem Verfahren der Bekämpften gewesen sein. Ist nun mit der-selben die Verpflichtung gegenüber dem Gesetze des Mose gegeben, so hat der Apostel selbstverständlich gegen die Giltigkeit seiner sittlichen Forderung nichts einzuwenden gehabt, — in diesem Sinne fallen ihm „Gesetz" schlechtweg und Gesetz Christi zusammen[4]). Wenn er aber betont, jene in der Form des alten Bundes be-gründete Verpflichtung leide keine Ausnahme[5]) und an seinem Widerpart die Durchführung in diesem Sinne vermißt[6]), so er-hellt, worum es sich bei der bestrittenen Gesetzlosigkeit imgrunde gehandelt hat. Hier treibt nicht die Verehrung für die sittliche Erhabenheit des Gesetzes, sondern ein auf die natürlich-geschicht-liche Äußerlichkeit gerichteter Sinn, eine weltliche Berechnung[7]). Im Vordergrunde standen den Lesern cärimoniale Ordnungen, in denen der alte Bund doch dem Götzencult gleich geartet war[8]). Während eine einseitig moralische Richtung andre als sittliche Unterschiede gleichgiltig machen mußte, wird ein neuer Eifer um den Cult und die Gemeindesitte leicht die Wurzel von Separatis-mus, hoffärtiger Absonderung und abschätziger Rücksichtlosigkeit, welche den Blick für die Hauptsache bei den andern und bei sich selbst verliert[9]). So wenig erfreulich das sich darstellt, muß man doch eine sachliche Erklärung für eine solche Wendung suchen. Stammten die Verführer aus dem heiligen Lande[10]), so wird ihnen das Gewicht auf dem geschichtlichen Zusammenhange des heiligen Volkslebens geruht haben[11]). An ihm hat sich die Offen-

---

1) 5, 11. 12. — 2) 5, 2—6. 6, 12—15. — 3) 2, 3 f. — 4) 5, 14. 6, 2 vgl. 1 Kor. 9, 21. — 5) 5, 3 vgl. 3, 10—12. — 6) 6, 13. — 7) 6, 12—15. 4, 17 f. vgl. 6, 7. 8. — 8) 4, 1—11 vgl. 2, 1. 5—2, 11 f. mit 1, 13. 14. — 9) 4, 17 f. (vgl. Apg. 20, 30) - 5, 15. 20 f. 26—6, 2. 10) vgl. 2, 12. — 11) 6, 16. 3, 29. 7—9. 4, 22 f.

barung seit Jahrhunderten ihren Leib gebildet, und derselbe ist das Gefäß gewesen, welches die Verschüttung des heiligen Inhaltes, die Vermengung mit dem profanen Wesen umher verhütet hat. Darf dieses Gefäß, das doch göttlicher Abkunft ist, darf es leichthin zerbrochen werden? Daß es vielmehr gehütet werden müsse, dafür mochten die einen eifern aus kurzsichtiger Fürsorge für den Inhalt[1]), die andern in zäher Anhänglichkeit an die liebgewordene Form als solche, sei es die Lebensgestalt[2]), sei es die Zusammengehörigkeit mit den Brüdern nach dem Fleische[3]). Wo geborene Juden unter die Einwirkung solcher Gedanken kamen, wurde ihnen die Ablehnung des Einflusses immer schwer[4]). Auch Christen aus den Heiden empfingen zumeist einen starken Eindruck; denn daß sie Wildlinge seien[5]), die erst gezähmt werden müssen[6]), daß sie in dem Umkreis eines schon entwickelten geschichtlichen Lebens hineingezogen seien[7]), das empfanden sie nicht nur thatsächlich, das hielt ihnen ihre Bibel gegenwärtig, die geschriebene Offenbarung Gottes; denn als solche hatte ihnen Paulus selbst die alttestamentliche Schrift gebracht[8]); und das Verständnis derselben vermittelte sich ihnen immer wieder in etwa durch jenen Judaismus[9]), dem der Heidenapostel wohl dem Geiste nach enthoben war, aber in der Auslegungsart selbst immer noch zugethan blieb[10]). Dieselbe Erde, auf der wir Fuß fassen können, zieht uns auch an und herab. Der Gemeinde Gottes von Abram an, der Kirche Christi, jedem christlichen Volke, schier jeder Zeit und jedem Christen gilt Gal. 4, 1—7[11]).

Es springt in die Augen, wie sehr dieser Erscheinung die Stellung der Römischen glich, mit denen Luther es zu thun hatte. Was sie Tradition nannten[12]) und was sie so eifrig vertraten, das war ja unverkennbar der geschichtliche Fortbestand der anstaltlichen Ordnung, welche den Besitz der Offenbarung verbürgte; viel mehr auf das magisterium als auf die doctrina kam es ihnen an, auf die Geltung der Kirchengestalt als auf die Sicherung des christlichen Gehaltes. Selbstverständlich dann aber auch,

---

1) vgl. 1, 14 mit Phil. 3, 6. — 2) 4, 9. 10. — 3) 6, 12. 13. 2, 12 vgl. Röm. 9—11. — 4) 2, 13 f. — 5) vgl. Röm. 11, 17 f. — 6) z. B. Eph. 4, 17 f. — 7) Eph. 2, 11 f. — 8) 3, 8. 22. — 9) 1, 13 f. — 10) 4, 21 f. — 11) vgl. 3, 22 f. — 12) vgl. 1, 14.

daß Luther besonders in diesem Briefe die Rüstkammer entdeckte, der er die Schutz- und Trutz-Waffen im Streite für die Freiheit eines Christenmenschen entnahm.

Freilich war die Lage der streitenden Teile in jenen beiden Zeitpunkten eine sehr verschiedene. Den Römischen gegenüber schien Luther der Neuerer, in Galatien brachten die Judenchristen eine Umwälzung ingang. Sie sind zunächst in der Lage, das dort geltende Ansehen zu erschüttern; sie mußten ihre Waffen gegen die Apostel und die Anhänglichkeit der Seinen an ihn richten. Verteidigt er seinen Dienst nach seinem Ursprunge, in seiner Selbstständigkeit, durch die demselben allzeit bereitwillig entgegengebrachte Anerkennung, so läßt sich hieraus erschließen, auf welche Stellen die Verdächtigungen gezielt haben. Man stellte ihn als eigenrechtigen Neuerer dar, der das Überkommene mit seinen eignen Funden versetzt und verschnitten habe; vielleicht auch als den Polterer, der in der Fremde groß thut, aber im entscheidenden Augenblicke nicht einmal den Mut der Folgerichtigkeit hat[1]).

Und ebenso als der Subjectivist, dessen schwacher Punkt die geschichtliche Berechtigung ist, sofern es sich um die Anknüpfung an Gottes Offenbarung und seinen Messias handelt; als der Mann der vorandrängenden Bewußtseinsentfaltung gegenüber den Vertretern der geschichtlichen Thatsachen, — ebenso erscheint der kritischen Historie dieser Paulus des Galaterbriefes. Für sie haben die falschen Brüder ihn besser verstanden als er sich selbst; für sie liegt die Kluft nicht zwischen den Gegnern des Paulus und dem ursprünglichen Christentume, sondern zwischen den Aposteln, welche die Geschichte des Christentumes in Person sind, und zwischen dem Heidenapostel, der sich sein eignes Evangelium aus der Dialektik seines Bewußtseins heraus entwickelt hat, während ihm die Thatsache der Christusgläubigen Gemeinde nur die Anregung zu diesen Erlebnissen und Entdeckungen seines Innern geboten hat. Auf diese Weise gerät es, die Sache der Art zu kehren, daß die Gleichartigkeit der Lage des Paulus mit der Luthers vollkommen zu werden scheint; nicht mehr sind jene Gegner überhaupt falsche Brüder; nebeneingedrungene heißen sie lediglich insofern mit Recht, als sie auf dem Felde, welches der Heidenbote

---

1) 5, 11?

beſtellte, nichts zu ſuchen hatten. Paulus ſelbſt wird der Neuerer, welcher durch ſein Bewußtſeinschriſtentum das geſchichtliche Naza- renertum verdrängt, ſamt ſeiner anſtaltlichen Grundlage, ſamt dem geſchichtlich begründeten und berechtigten Apoſtolate, der allein den geſchichtlichen Zuſammenhang mit Jeſus bewahre.

Dieſe Auffaſſung der Sachlage bietet ſich als annehmbare Auskunft, wenn man die Geſchichte des Urchriſtentumes bloß mit den Mitteln der Hiſtorie und Anthropologie erfaſſen, und wenn man ſie auf dieſem Wege reſtlos begreifen will; wenn man ihren Angelpunkt, die Selbſtbezeugung des Auferſtandenen, durchaus zu einer bloßen Bewußtſeinsthatſache herabdrückt. Die unausbleibliche Folge iſt dann aber, daß man auch dem Paulus eine Kette von Bewußtſeinstäuſchungen beimeſſen muß, von jener Viſion ab, die über ſein Leben entſchieden hat, bis zu ſeinem ungerechten Urteil über ſeine Gegner, bis zu ſeiner kaum zu entſchuldigenden Schärfe gegen die Säulen der Urgemeinde, ja bis hin zu einer einſeitigen Darſtellung der Verhältniſſe und Vorgänge, der man in anderm Falle den Vorwurf jeſuitiſcher oder doch fanatiſcher Rabuliſtik ſchwerlich erſparen würde. Daß die Berufung des Paulus zum Apoſtel ſich nicht öffentlich vollzogen wie die ſeiner Vorgänger, das wird wohl der Punkt geweſen ſein, bei welchem die Gegner in ihrer Herabwürdigung des Heidenapoſtels am liebſten einſetzten und am eheſten des Eindruckes nicht verfehlten. Eben dieſe That- ſache heißt jener Kritik der ſchwache Punkt in der Rechtfertigung des Paulus. Es wäre freilich wenigſtens für ihn ſelbſt kein ſolcher, wenn der ihm zugeſchriebene Subjectivismus ein klar be- wußter geweſen wäre. Dann konnte er ja nur mit ſtolzer Zu- verſicht ſich ausſchließlich auf den inneren Vorgang ſtützen, auf das Aufblitzen der neuen Auffaſſung in ſeinem Bewußtſein, in welchem er ſeine Selbſtbevollmächtigung erlebt oder vollzogen hatte. Indes ſo ſpricht er ſelbſt ſich nicht aus. Zwar findet man keine Spur, daß ihm jener Urſprung ſeines Apoſtolates als ſchwacher Punkt erſcheint; aber er faßt denſelben auch garnicht als Subjectiviſt auf, ſondern als der, welcher der Offenbarung völlig gewiß iſt[1], — um ein Stichwort zu brauchen: nicht auto- nom, ſondern durchaus theonom. Gerade die Selbſtausſage unſers

---

1) 1, 12. 1, 15 f.

Briefes beweist, daß die Auffassung jener die Geschichte gestaltenden Kritik eine der stärksten Mißdeutungen sei — und zwar eine der stärksten unter allen jenen gewaltsamen, offenkundigen Mißdeutungen, welche die urchristlichen Urkunden erfahren haben. Allerdings setzt der Apostel sich in unserm Briefe in zweifacher Beziehung mit dem Evangelium völlig eins, indem er nach der einen Seite sein ganzes Leben mit dessen Inhalt zusammengeflossen bekennt, nach der andern zwischen der Stellung seiner Gemeinden und auch seiner Gegner zu dem Evangelium und derjenigen zu ihm selbst kaum unterscheidet. Dieses Bewußtsein hat seine Voraussetzung, und es findet eine Bestätigung, die freilich wider die Absicht zu einer solchen wird. Die Voraussetzung liegt in der geschichtlichen Gestaltung seines Verhältnisses zu den älteren Aposteln; wenn dieselben das Evangelium, welches er wie überall so auch in Galatien verkündet hat, durchaus billigten, so knüpfte diese Entscheidung sich hauptsächlich an die Anerkennung seiner Person und seines Verhaltens[1]); ja, zuletzt faßte sich die Entscheidung in seine vereinzelte Stellung zusammen, als sich selbst sein ältester Genosse Barnabas zeitweilig von ihm trennen ließ[2]). Jene unwillkürliche Bestätigung aber empfing sein Selbstbewußtsein hinterher durch das Verfahren seiner Gegner. Um die Galater zu ihrem gesetzlichen Christentume zu überreden, ist es ihr ernstliches Bemühen, für dieselben andre Autoritäten anstelle des Paulus zu schieben und eben zu diesem Behufe sein Ansehen als rechter Bote Christi zu untergraben, das Vertrauen zu ihm und zu seiner Treue und Folgerichtigkeit als Vertreter der von ihm verkündigten Wahrheit zu erschüttern. Selbst sie können zwischen ihm und jenem Evangelium nicht scheiden. Der Sachgrund liegt eben darin, daß Gott ihn zum Träger der entscheidenden Wendung innerhalb der Entwickelung der apostolischen Kirche gemacht hat. Dadurch ist thatsächlich seine Einzelperson in den Vordergrund gerückt. Wenn die Apostel, die das vor ihm waren, als ein Zeugenchor auftreten, von dem sich jeweilig einer, doch nur als sein Mund, ablöst[3]), so muß er oft genug mit seinem Ich heraustreten, und selbst wenn er sich mit ihnen in dem Wir zuver-

---

1) 2, 7 f. 1, 22. 23. — 2) 2, 13. — 3) Apg. 2, 14. 32. 4, 19 f.
5, 29 f.

ſichtlich zuſammenfaßt, ſo kann er es nur, indem er ſich zugleich von ihnen unterſcheidet [1]). Während jene überwiegend von den gemeinſamen Erlebniſſen zu reden haben, welche ſie der Auferſtehung ihres Meiſters und ihres Auftrages vergewiſſerten, ohne daß für ihre Botenvollmacht die Einzelerlebniſſe z. B. eines Simon Petrus weiter geltend gemacht würden, kann Paulus den Rechtsgrund für ſeine Botenwürde nur in der ihm zuteilgewordenen beſonderen und durchaus einzigartigen Führung aufzeigen. An dieſen unbeſtreitbaren Thatbeſtand knüpft der Verſuch an, ſein Bewußtſein und den geſchichtlichen Zuſammenhang der Urapoſtel, und damit ſein und ihr Evangelium einander entgegenzuſetzen.

Allein, ſo nahe dieſe Auffaſſung der Sachlage zu liegen ſcheint, wenn man darüber ſinnt, ohne dem Apoſtel ſelbſt eine unbefangene Aufmerkſamkeit zu gönnen, ſo beſtimmt wird ſie durch den vorliegenden Brief ausgeſchloſſen. Denn die Selbſtbekenntniſſe des Apoſtels widerſprechen derſelben, die berichteten Thatſachen ſchließen ſie aus, und die Art, in welcher er ſeine ſtreitende Auseinanderſetzung mit ſeinen Gegnern vollzieht, wäre unter ſolcher Vorausſetzung eine Thorheit.

Schwerlich findet ſich ſonſt eine Stelle, an welcher der Apoſtel den in ſich feſten Selbſtbeſtand des Evangelium und dann auch die völlige Einerleiheit deſſelben in der Verkündigung, ſei es durch die älteren Apoſtel, ſei es von ſeiner Seite, ſo beſtimmt und deutlich ausgeſagt hätte, als eben hier. Die Sachlage veranlaßt ihn ſogar die Möglichkeit zu ſetzen, daß er ſelbſt eine andre Verkündigung treibe; unbedingt will er dann dem Anathema unterſtellt ſein. So klar unterſcheidet er zwiſchen dem Schatz, den er im irdenen Gefäße zu tragen hat, und zwiſchen ſich ſelbſt, wenn zu ſcheiden ihm auch unmöglich war. Und hätte ſich ihm die Verſuchung genaht, ſeine Individualität mit ſeiner Aufgabe, ſein Erleben mit dem Inhalte ſeines Zeugendienſtes, ſeinen Selbſt und Welt bezwingenden Glauben mit Chriſto zu verwechſeln, ſo war ihm als Gegengift die unauslöſchliche Erinnerung zur Hand, wie ſeine eigenrechtige Frömmigkeit ihn ehedem zum Verfolger der Gemeinde gemacht hatte [2]), deren Glauben er nun verkündigte — und zwar verkündigte, belehrt durch Offenbarung und aus ſelbſt-

---

1) 1 Kor. 15, 11. — 2) 1, 13. 23 vgl. 1 Kor. 15, 9. 1 Tim. 1, 12 f.

verleugnendem Gehorsam gegen dieselbe. ¹) Wo er auf den
schreienden Widerspruch hinweist, in dem zu dem verfolgenden
jüdischen Traditionalisten der im Augenblicke der Berufung ent-
schlossene und ausübende Evangelist steht, da hat er offenkundig
die Sachlage selbst so und nicht anders angesehen. Wie hätte er
sonst aus diesem jähen Umschwunge den Indicienbeweis für den
Ursprung seiner christlichen Erkenntnis aus selbst empfangener
Offenbarung führen mögen? Wie zuversichtlich er auch sich
darauf stützt, daß man den Segen anerkennen mußte, den Gott
an seine Arbeit geknüpft hat ²), und zwar an die seine allein, ohne
daß des Barnabas erwähnt wird, er hat es nicht entfernt einen
Hehl, wie wenig er selbst dazu hat thun können. Ist doch nicht
sein apostolischer Eifer, sondern sein Leiden der Anlaß gewesen,
den Galatern zu predigen, und hat doch sein Zustand ihnen zur
Versuchung gereicht; also hat sie nur das Gehör des Glaubens
gelehrt ³), in ihm den Engel Gottes zu erkennen. Und so ist es
schlechterdings nicht jener Subjectivismus, welcher überall das
Einzelselbst in den Vordergrund drängt, wenn der Apostel mit
seinem nachdrücklichen Ich hervortritt. Er stellt dasselbe doch
wahrlich nicht auf ein Gestell zur Bewunderung hin, wo er dasselbe einsetzen muß, weil er die Person des Petrus und des Barnabas in ungünstige Beleuchtung zu stellen hatte ⁴). Was er erlebt
hat, sagt er in solchen Fällen aus ⁵), während er Entsprechendes
sonst als Thun eines Christen bezeichnet ⁶). Und so ist es eben
der Christ, der in den Angelegenheiten von Gesetzeswerken und
Glaubensgehorsam unter Gottes Führung ⁷) so gründliche Erlebnisse durchgemacht hat, dessen Ich gelegentlich so nachdrucksvoll zu
den Lesern reden mag ⁸).

Rücksichtlich der Thatsachen ferner, welche Paulus namentlich zu Eingang des Schreibens bespricht, und der Bedeutung,
welche sie unter diesem Gesichtspunkte für ihn haben, kann man
wirklich nur auf dem Wege Unklarheit schaffen, daß man ihn zum
halb oder ganz bewußten Täuscher stempelt. Die geschichtlichen
Vorkommnisse inbetreff seiner Evangelistenarbeit treten ja deutlich

---

1) 1, 15. 16 vgl. Apg. 26, 19 f. —    2) 2, 7 f. —    3) 4, 13. 14
vgl. 3, 2. 5. —    4) 2, 19 f. 11—13. —    5) 2, 20. 6, 11. —    6) 5, 24.
7) 1 15. 16. —    8) 5, 2 f. 6, 14 f.

unter die wuchtige Erklärung über die Einzigkeit des einen Evangelium zu Eingang. Wäre das Evangelium der Beschneidung
inhaltlich ein andres gewesen als das seinige an die Vorhaut,
dann hätte er sich unter dem zuvor aufgestellten Grundsatze nicht
der Einmütigkeit mit Petrus, dem Träger des letzten, vergewissern
dürfen, sondern ihn unter das Anathema stellen müssen. An einen
wirklichen Unterschied in dem Wesentlichen des verkündigten Inhaltes — der Ausdruck ist absichtlich möglichst bemessen gewählt —
denkt Paulus an diesen Stellen offenbar nicht von ferne. Gerade
die Art, in welcher er nach seinem Berichte dem Petrus in
Antiochia gegenüber trat, das Maß der Vorwürfe, innerhalb
dessen er sich bei aller Schärfe hält[1]), zeigt, daß es sich nach
seinem Urteile nur um die Folgerungen aus der Wahrheit
des Evangelium für das Verhalten, nicht um eine „Verkehrung"
dieser selbst[2]), eine absichtliche Beeinträchtigung der Christenfrei-
heit[3]) handelte.

Und das führt auf denjenigen Beleg für die obigen Be-
hauptungen, der nur mittelbar zu geben ist, aber dabei durchaus
schlagend. Paulus scheidet nicht etwa zwischen dem Evangelium,
dessen Inhalt — wie man zu sagen pflegt — die nackten Heils-
thatsachen enthielte, und seiner besonderen Auffassung desselben,
welche man seine Theologie zu nennen beliebt. Vielmehr sind ihm
beide so sehr eins, daß er unbedenklich seine eigene Auffassung bei
seinen Dienstgenossen voraussetzt. Anderseits hebt er in seinem
Selbstbekenntnisse, wo er seine Auffassung bis auf ihre Wurzeln
in seinem Grunderlebnisse verfolgt, an diesem gerade diejenige
Seite hervor, nach welcher sie unauflöslich mit dem Geschichtlichen
verknüpft bleibt und nicht in das Bewußtsein und in sein indivi-
duelles Leben aufgeht, die Gründung auf die Liebesthat Jesu am
Kreuz[4]). Und dieser Fassung entspricht es durchaus, wie er seine
Galater zurechtzubringen sucht.

Gehen wir diesen Beobachtungen noch etwas genauer nach,
und zwar in umgekehrter Ordnung. In der Verhandlung mit
seinen schwankend gewordenen Gemeinden beschränkt er sich nicht
darauf, die Wahrheit seiner Verkündigung sachlich zu erweisen,

---

1) vgl. 2, 14 mit 1, 8. 9 u. 5, 12. —    2) 1, 7. 5, 7 vgl. 2 f. —
3) wie 2, 4 gemäß 5, 1 vgl. 4, 9. 24 f. —    4) 2, 20 vgl. 3, 1. 1, 4.

und sie dann ausschließlich auf die Wirklichkeit und Wesenhaftig-
keit ihrer durch jene Verkündigung vermittelten Erfahrungen hin-
zuweisen; so verfährt z. B. der erste Johannesbrief. Paulus thut
das beides ja auch geflissentlich[1]); aber er thut es nicht allein
und nicht zuerst. Vielmehr paart er mit der Erinnerung an
seine Selbständigkeit als Apostel die Darlegung, wie durch aus-
drückliche göttliche Fügung sich herausgestellt habe, zwischen ihm
und nicht minder den Massen[2]) als den Säulen[3]) der Urgemeinde herrsche vollkommene Übereinstimmung über das geprebigte
und geglaubte Evangelium, dessen sicherer Bestand eben nicht
allein und zumeist an zäher menschlicher Überlieferung, sondern
an Offenbarung Christi hängt. So mutet er ihnen durchaus
nicht zu, sich auf dem Standpunkte des inneren Lebens zu iso-
lieren; er stellt sie nicht ohne andern Halt auf den schwankenden
Boden christlicher Erfahrung, sondern weist sich ihnen als den berechtigten Träger des geschichtlichen Christentumes aus, als den,
welcher sie treu in den geschichtlichen Zusammenhang mit Jesus
gebracht hat[4]).

Dem entspricht, wie angedeutet, völlig die Fassung seiner
Selbstbekenntnisse. Er weiß recht wohl, auch schon in diesem
Briefe, von der Macht, durch welche Christus das Innere des
Christen unmittelbar bestimmt, von dem Geiste als der wesent-
lichsten Gottesgabe[5]). Aber gerade da, wo er seine persönlichste
Erfahrung einsetzt, spricht er nicht von dem Empfange und Besitze
des Geistes, sondern er bezeichnet die ihn bestimmende, ihn seiner
Selbstheit beraubende Macht als den gestorbenen Christus, den
er als aus der Auferweckung lebendigen geschaut hat[6]). Er nennt
ihn hier nicht, wie sonst wohl, den „Herrn, den Geist," oder setzt
seine Immanenz der des Geistes gleich[7]), sondern er betont ihn
als den Thäter der geschichtlich vollzogenen Liebesthat. Hier ist
so wenig enthusiastischer Subjectivismus, als das in Verhandlungen möglich sein dürfte, welche auf das Leben aus, mit und
in Gott zurückgehen. Demnach steht ihm, wie das Evangelium,
so Christus, dessen Inhalt, den er sich im Glauben gegenwärtig

---

1) 3, 2 f. —   2) 1, 23 f. 2, 2. —   3) 2, 6 f. —   4) 3, 1.
1, 12, 1. —   5) 3, 2 f. 14. 4, 6. 5, 5. 16 f. —   6) 2, 20. 21. 1, 1.
vgl. 6, 14. 15. 5, 24. —   7) 2 Kor 3, 18 ? — Röm. 8, 9. 10.

hält, in unverschwommenem Selbstbestande gegenüber, wie innig immer er ihn in sein Innenleben hineinzieht.

Und dieses Bekenntnis ist nun nur die letzte Spitze einer Aussage, die er zugleich im Namen aller aus den Juden stammenden Christen thut, — abgesehen freilich wohl von den neben-eingedrungenen, welche eben auch falsche Brüder, nicht etwa nur schlechte sind. Ohne jedes Bedenken gründet er sein Urteil über das Verhalten des Petrus auf diese Voraussetzung; er hält demselben vor, sein Verhalten stehe in Widerspruch mit dem, was die notwendige Folgerung aus ihrer gemeinsamen Überzeugung ist, aus dem Glauben, in welchem sie das Evangelium angenommen haben. Mit andern Worten: er beansprucht auch den Petrus für das Bekenntnis zur Rechtfertigung auf den Glauben hin. Aber er setzt auch damit völlig unbefangen die Vormalung des Gekreuzigten völlig eins[1]). Das ist ihm eben keine Theologie, sondern die schlichte Ankündigung des Gekreuzigten, an den man nicht glauben kann, ohne an seinem Kreuze erlebend Anteil zu gewinnen.

In diesem Sinne, nüchtern und zugleich innig in der persönlichen Stellung, klar über die geschichtlichen Voraussetzungen, aber unbedenklich die Gegenwart nehmend, wie sie ist, in Rücksicht seiner dienstlichen Aufgaben, - in diesem Sinne und in keinem andern — faßt sich Paulus nun allerdings in diesem Briefe völlig mit dem Evangelium zusammen, namentlich auch als der Vertreter desselben, als Missionar und Seelsorger. Es ist nach beiden Seiten so, daß das Verhältnis des Apostels und seiner Gemeinden zu einander zugleich das Verhältnis zum Evangelium einschließt und umgekehrt. Die Bekehrung der Galater spiegelt sich in ihrem Verhalten zu ihm, dem Boten[2]), ihre Schwankung gestaltet sich als eine Lockerung des Verhältnisses zu ihm[3]); ihre Umkehr zur rechten Stellung wird auch eine Anerkennung seiner berechtigten Ansprüche an sie sein[4]). Und wiederum, seine Kampfes-arbeit im Dienste des Evangelium kann er als von Anfang an in ihrem Interesse geleistet bezeichnen[5]); und unbefangen kann er alle Pietätsbeziehungen zwischen ihnen und ihm auffrischen und

---

1) 2, 16 — 3, 1. —  2) 4, 13 f. —  3) 4, 17 f. —  4) 6, 17. 4, 19. 11. 12. —  5) 2, 5.

ihre Einflüsse spielen laffen; denn mit der Erneuerung des gefunden Verhältniffes zwischen den Kindern und dem geiftlichen
Vater, mit ihrer Nachartung nach ihm wird auch der Wahrheit
des Evangelium ihre rechte Stelle bei ihnen wieder gefichert fein[1].

## Das Evangelium, wie Paulus von ihm im Galaterbriefe handelt.

Diefe Einficht wird nun auch ihr Licht auf den Gang der
Darftellung werfen, den der Apoftel in dem Briefe einhält. Faßt
man denfelben als diejenige Handlung, in welcher er das Verhältnis feiner Pfleglinge zu ihm felbft zurechtbringt, dann ift man
aller Dispofitionsfchematismen überhoben, wie des allgemeinen und
deshalb nichtsfagenden: hiftorifcher, dogmatifcher, praktifcher Teil;
aber man wird auch nicht auf Schritt und Tritt die befondern
Anläffe für diefe oder jene Bemerkung aufzufpüren brauchen. Gewiß üben folche Einzelnheiten vielfach Einfluß, und einige Sätze
mögen fogar unklar bleiben, wenn oder weil man diefen Hintergrund gar nicht oder nicht ficher zu erhellen vermag[2]); jedoch der
Fluß der Rede, auch in feinen bedeutenderen Abbiegungen, läßt
fich aus den allgemeinen Vorausfetzungen heraus wohl begreifen,
inbetreff deren es keiner findigen Vermutungen bedarf; folche er-
fchweren das einfältige Verftändnis oft mehr, ja fie halten es
zeitenweis ganz hintan.

Ging der Angriff darauf, das Ungenügende der Predigt
des Paulus darzuthun, fowohl in betreff ihrer Beglaubigung als
in anbetracht ihres Inhaltes, fo hatte er dagegen darzuthun, es
fehle ihm nichts zu dem erforderten Anfehen und feinem Evangelium nichts an der zu erfordernden Wirkung. Diefe zwei Gefichts-
punkte treten fogleich in der eigentümlichen Überfchrift entgegen. In
der erften Hälfte betont Paulus feine Amtsbetrauung und die
Einhelligkeit der Chriften um und mit ihm 1, 1. 2; in der andern
läßt er bedenken, ob Chrifti Erlöfungswerk, in dem fich Gottes
Rat erfülle, noch einer Ergänzung bedürfe 1, 3. 4.

Die Sachlage, welche fchon in der herben Kürze des Grußes
durchfcheint, tritt dann in den recht perfönlich gehaltenen Er-

---

1) vgl. 5, 7—10. 4, 18—20. — 2) wie bei 4, 12 b.

gießungen deutlich heraus, die den Körper des Briefes wie ein Rahmen einschließen. Den Eingang bildet die strenge Censur des galatischen Treibens; sie hat ihren Rechtsgrund und ihren Maßstab an der Unwandelbarkeit des einen Evangelium 1, 6—10. Das Schlußwort stellt den Apostel selbst seinen Gegnern in einer scharf geschnittenen Zeichnung gegenüber, um die schwankenden Leser unausweichlich zu einer Wahl zwischen beiden Teilen zu nötigen, allerdings mit der hindurch zu fühlenden Gewißheit, so werde der Knoten sich fest schlingen, in dem alle die angezogenen Fäden zwischen ihnen und dem einst so froh begrüßten Boten zusammen laufen 6, 11—17.

Inzwischen verläuft die Verhandlung einfach und wie von selbst an einem geschichtlichen Faden. Zuerst tritt der Apostel auf, wie er zu dem Träger des einen Evangelium für alle Heidenchristen geworden ist 1, 11—2, 21. Dann erscheint im Gesichtskreise die Vergangenheit der Galater mit ihrer Belehrung und diese ihre grundlegende Erfahrung muß ihnen selbst ihre jüngste Umwandlung thöricht erscheinen lassen 3, 1 — 4, 7. Endlich geht es auf ein Verhör und eine Vermahnung inbetracht ihrer Gegenwart hinaus, die sich in unverhüllbarem Widerspruch mit dem Anfange ihres Christenlebens, nämlich in einer Fleischlichkeit bewegt, die mit Gesetzeserfüllung im wahren Sinne sowenig zu thun hat als mit dem Evangelium vom Gekreuzigten 4, 21—6, 10. Die Übergänge zwischen diesen Massen werden durch persönliche Erörterungen gebildet 3, 1—5 und 4, 8—20, in denen Paulus bei ihrer Belehrung Fuß faßt, um zu vergleichen. Und zwar führt der erste Ansatz wesentlich auf das damals Gewonnene, der zweite auf die inzwischen eingetretene Wandlung.

Die Abschnitte entsprechen also den einander folgenden Zeiträumen, geschieden durch die Wendepunkte, welche für das Verhältnis zwischen Briefsteller und Leser entscheidend waren; zugleich aber enthalten sie sachliche Abhandlungen. Denn was zunächst den angeblich geschichtlichen Teil betrifft, so bietet derselbe nicht im geringsten einen eigentlichen Bericht über des Apostels früheres Leben dar; Anordnung und Auswahl des Stoffes sind durchaus in dem Dienst einer Beweisführung getroffen, welche einerseits auf bestimmte Fragen berechnet ist und anderseits offenbar auf eine gewisse Kenntnis der behandelten Vorgänge bei den Lesern rechnen kann. Vollständigkeit und Klarstellung des Zusammenhanges kommen für diese rasch dahinfahrende neue Beleuchtung längst besprochener oder bekannter Dinge gar nicht infrage. Sie dienen zur Erhärtung dafür, daß es nur das eine Evangelium giebt, welches in Ursprung, Betrauung und Vertretung nicht von Menschen abhängt und abhängen kann; jenes Evangelium, über welches, wie Gott ihm den Fortgang giebt, alle seine Diener immer überein kommen werden und müssen; und dessen bereitwilliger und rücksichtsloser Vertreter Paulus kraft göttlicher Betrauung jetzt, wie von Anfang und allezeit ist 1, 7 — 2, 21. Diese Vertretung hat schon ehedem ein Eintreten für die in dem Evangelium enthaltene Wahrheit[1]) und für die Freiheit sein müssen, welche an dem Christus des Evangelium ihre Rechtsquelle hat.[2]) Jenes Evangelium von Christo, dem Gekreuzigten schließt die Glaubensgerechtigkeit ein, die Gesetzesgerechtigkeit aus; für seine Wahrheit bürgt den Galatern der Ertrag, welchen seine gläubige Annahme ihnen gebracht hat; das ist der Empfang des Geistes. Derselbe ist die Erfüllung der göttlichen Verheißung, das Siegel auf die Abrahamskindschaft der gläubigen Heiden und auf die Gotteskindschaft der von dem Gesetze Losgekauften; Abrahamskindschaft aber und Gotteskindschaf: eröffnet der Messias seinen Getauften, weil er den vorläufigen Gesetzes-Bund zu dem von Gott bestimmten Ziele gebracht hat, mit welchem die Bedeutung aller irdisch geschichtlichen Sonderungen ihr Ende findet. So entfaltet sich der (rechtfertigende) Glaube an Christum als die Wahrheit des Evangelium, erwiesen wie aus dem Verständnisse des Ganges, den die Offenbarung Gottes genommen hat und zwar laut der Schrift, so zugleich auch an der Erfahrung derer, die zum Glauben gekommen sind 3, 1 — 4, 7. Und nun kann der Apostel den Christenstand, wie er seinen Lesern gehört und ziemt, zum Standort nehmen, um unter Rückblicken auf die Zeit vor und während ihrer Bekehrung von dort aus ihren gegenwärtigen Zustand zu behandeln. Freiheit oder Sklaverei; ein neues Leben unter dem Triebe des Geistes oder das alte nach der Begierde des Fleisches; Liebe als Bethätigung des Glaubens und Frucht des Geistes oder der zerstörende Unfriede, den das

---

1) 2, 5. 14. —    2) 2, 4.

Fleisch hervorruft, auch dann, wenn sein Zug unter gutem Schein
sich birgt [1]) — vor diese Wahl stellt der Apostel seine Galater fortan
in verschiedenen Wendungen. Er lehrt die Schriftforscher die
großen Typen deuten, in welchen Abrahams Familie den Gang
der Geschichte der Heilsgemeinde voraufnimmt; er tritt mit seinem
persönlichen Ansehen für die Unvereinbarkeit der Gesetzesrecht-
fertigung mit dem Christenstande ein, indem er dessen Wesen for-
muliert; er bezeugt die Genugsamkeit des Geistes, um den Freiheitsstand so zu gestalten, daß das Fleisch für den Christen in
die Vergangenheit verwiesen bleibe und ein Gemeinschaftsleben
in gegenseitigem Liebesdienst sich entfalte 4, 21 — 6, 10 [2]).

Man könnte wohl die soeben umrissenen drei Hauptabschnitte
überschreiben: das einzige Evangelium von Christo; die Wahrheit
dieses Evangelium; die Freiheit in dem Christus des Evangelium.
Allerdings darf das nicht wieder als ein Schematismus gefaßt
werden; vielmehr ist jeder weitere Abschnitt nur eine bestimmter
auf die Sachlage bezogene Entwickelung des früheren. Das eine
Evangelium ist die verschlossene Knospe, und dieselbe entfaltet
fortschreitend ihre Blätterreihen. So sprießt die folgende Reihe
von Gedanken immer sichtlich aus der vorangehenden hervor.
Schon die Geschichte des einen Evangelium, ehe es zu den Galatern selbst gelangt, läuft wie von selbst darauf hinaus, einen
Abriß seines wahren Inhaltes unter dem für die Verhandlung
entscheidenden Gesichtspunkte zu entwerfen 2, 15 f. Diese Wahrheit kann der Verf. nicht entfalten, ohne den Gegensatz von
Gesetz und Verheißung samt ihrer Erfüllung hineinzuziehen, indem
er denselben in der Nebeneinanderstellung der beiden Stände
veranschaulicht, die dem Erben beschieden sind, des Sklaven- und
Kindesstandes 4, 1 — 7; und diese Betrachtung fordert dann die
Erörterung der Freiheit. Wie schon 2, 4. 5 den folgenden Abhandlungen ihre Hauptgegenstände vorgezeichnet sind, so enthalten
die Gegensätze „Gesetzeswerke und Glaubensgehör, Geistesanfang
und Fleischesvollendung," welche den Galatern ins Gewissen ge-

1) 6, 12. 13. 3, 3. — 2) Die Fassung des Abschnittes 5, 13 f.
als ethische Ergänzung, welche den praktischen Antinomismus der dem Apostel
treu Gebliebenen züchtigen soll, finde ich durch die kurze Wendung B. 13 nicht
ausreichend begründet, wenn man daneben den herrschenden Zug des Abschnittes ansieht, der vielmehr auf die Genugsamkeit des Geistestriebes geht.

ſchoben werden 3, 2—5, bereits die ſachlichen Beſtimmungen für
jene Namen: Wahrheit und Freiheit. Und wenn nun nicht allein
die Anwendung auf die Leſer ſich immer wieder, auch vorgreifend,
durchdrängt[1], wenn je weiter voran, deſto ſelbſtändiger und lebendiger die Verhältniſſe der Galater ehedem und jetzt zwiſchen den
andern Erörterungen ihre Beleuchtung empfangen[2], ſo tritt darin
entgegen, wie es doch eigentlich immer das Verhältnis der Gemeinden zu ihm ſelbſt iſt, welches der Apoſtel in lockerer Anknüpfung an die Abfolge der entſcheidenden geſchichtlichen Wendepunkte behandelt. Da bildet allerdings die Vergleichung zwiſchen
dem bedenklichen Jetzt und dem großen Dereinſt der Belehrung
den immer wieder angeſchlagenen Grundton[3]; aber es flicht ſich
auch der Rückblick auf die vorchriſtliche Vergangenheit behufs einer
faſt noch bedenklicheren Zuſammenſtellung mit ihrem gegenwärtigen
Treiben ein[4]; und daneben läßt ſich beobachten, wie des Apoſtels
Perſon für die Galater immer beſtimmter in den Mittelpunkt
rückt und ſozuſagen als Keil zwiſchen ſie und ihre Verführer
eingetrieben wird[5]; bis Paulus zuletzt, dieſes, wie alles Streitens
und Ringens müde, aber auch gewiß, den Sieg gewonnen zu
haben, die Feder niederlegt: fortan mache mir niemand weiter
Mühen; ich kann ja die Malzeichen Jeſu aufweiſen, die ich an
meinem Leib trage.

Wenn dieſer Brief der große Mahnruf iſt, der den Chriſten
die Selbſtgewißheit und Selbſtändigkeit ihres im Geiſtesempfange
beſtätigten Glaubensſtandes ans Herz und auf das Gewiſſen legt,
ſo zieht ſich durch ihn von Anfang bis zu Ende die dreifache Begründung ſolcher Chriſtenfreiheit. Dieſelbe ruht auf dem von
Gott verliehenen und beſtätigten Anſehen des Apoſtolates als des
Trägers des einen Evangelium[6], auf der Allgenugſamkeit ſeines
Inhaltes, der Liebesthat am Kreuze, die dem lebendigen Chriſtus
hinreicht, um durch ihre Wirkung in Geſchichte und Einzelleben das Alte abzuthun und alle gottgemäße Zukunft zu ver-

---

1) 2, 5. 3, 26. 4, 6. 7. —    2) 3, 1—5. 4, 8—20. 5, 1—12. —
3) 1, 6. 7. 3, 1—5. 4, 13—16. 5, 7 f. (?) —    4) 4, 8 f. —    5) 3, 1
noch anonym; dann 4, 11—19. 5, 10—12. endlich 6, 11—17. —
6) 1, 1. 11. 12. 15. 16. 2, 2. 6—9. 4, 13. 14. 6, 17.

bürgen[1]), auf der Ausrichtung dieses Evangelium ohne Menschen-gefälligkeit und Menschenfurcht[2]). Jene erste Stütze findet ihre Urkunde für alle Zeit an diesem Briefe; die Haltbarkeit der zweiten kann jedermann erproben, der aus dem Leben durch Geist Wandeln durch Geist zu machen versucht[3]); die Merkmale für die dritte sind augenfällig genug, denn es wird solchem Dienst nicht an der Beglaubigung durch das Ärgernis des Kreuzes[4]) und durch Wirkung Gottes fehlen, welche zu ihm innerlich be-fähigt[5]) und ihn erfolgreich macht[6]).

---

1) 1, 3. 4. (6. 15. 16 vgl.) 2, 20. 21. 3, 1. 13 (27). 4, 4. 5 (vgl. 3, 13). 5, 11. 24. 6, 12. 14. — 3, 11 f. 24. 25. 28. 4, 4 f. 5, 6. 6, 15. — 1, 4. 2, 19 f. 3, 26. 27. 4. 7 f. 19. 5, 5. 6. 24. 16. 6, 14. — 2) 1, 10. 16 — 19. 2, 5. 6. 11 f. 4, 16 f. 5, 11. 6, 12 — 14. — 3) 5, 25. 3, 2. 3. — 4) 6, 17. 12. 5, 11. 4, 29. — 5) 1, 15 f. 6, 14 vgl. 2, 20. — 6) 2, 8. 9. 4, 13 — 15.

# Umschreibung des Gedankenganges.

Überschrift und Segenswunsch, den üblichen Briefeingang,
geftaltet Paulus mit Rückficht auf die Verhältniffe, welche fein
1. Schreiben veranlaffen, eigentümlich aus. Bei feiner Selbftbe-
nennung betont er, daß ihm feine Stellung als Bote nicht von
Menfchen verliehen, auch nicht durch irgend einen Menfchen
übermittelt fei, fondern durch Jefum Chriftum, und damit
durch Gott Vater, der ja denfelben aus der Mitte der Toten
auferweckt und auf diefem Wege jene Vermittelung ermöglicht hat[1]).
2. Ferner faßt er die Gefamtheit der ihn umgebenden Brüder
ausbrücklich mit fich felbft zufammen[2]), während er in der Anrede
an die Gemeinden Galatiens jede nähere anerkennende Beftim-
3. mung ihres Chriftenftandes unterläßt[3]). Indem er ihnen Gnade
und Friedensftand von Gott-Vater und dem Herrn der Chriften,
[Gott, dem Vater der Chriften und dem Herrn] Jefu Chrifto
4. wünfcht, hebt er endlich an diefem letzten erklärend hervor, daß
derfelbe fich felbft um unfrer Sünden willen mit der
auch erreichten Abficht an den Tod hingegeben hat[4]), uns
aus dem (noch) fortgehenden Zeitlaufe, dem das Böfe innehaftet,
gemäß[5]) dem Willen deffen herauszulöfen[6]), welcher
5. der Chriften Gott und Vater ift; deffen, (auf den alfo
letzlich alle Begnadigung zurückgeht, und) dem der entfprechende
Ruhm unaufhörlich gebührt, wie der Apoftel anbetend beftätigt.
6. Von dem dergeftalt begründeten Preife Gottes hebt fich
grell der Ausdruck ab, den Paulus ohne mildernde Vorbereitung

---

1) 1, 11 f. — 2) 1, 21—2, 10. — 3) 1, 6 f. 3, 1 f. 4, 9 f.
5, 7 f. — 4) 2, 19 f. 3, 1. 13 f. — 5) 3, 15 f. 4, 21 f.
6) 3, 25 f. 5, 13—23. 6, 14. 15. 4, 3 f. 25. 26.

seinem Befremden über das Verhalten der Leser leiht. Es gilt
dem Umstande, daß sie [? so bald nach ihrer Berufung] so sehr
eilig, ohne dauernden Widerstand zu leisten, im Begriff stehen,
sich von Gott als von dem abzuwenden, dessen Ruf in der An-
bietung von Gnade, die ja in Christo für uns wirksam vorhanden
ist[1]), mittels der Predigt des Evangelium an sie gekommen[2]) und
sich einem anders gearteten Evangelium zuzuwenden, welches keinen- 7.
falls ein weiteres neben dem einzigen ist, mit welchem es vielmehr
nur die Bewandtnis hat, daß gewisse Leute vorhanden sind, welche
sich ein Geschäft daraus machen, die Leser zu verwirren[3]), und
ihr Bestreben auf das (an sich unerreichbare) Ziel richten, das
einzige Evangelium von dem Messias völlig umzukehren[4]). Im 8.
Gegensatze zu solchem Bestreben gilt aber, daß keine Person an
demselben etwas ändern darf. Selbst den Fall gesetzt, daß Paulus
und seine Dienstgenossen oder ein Engel (Bote Gottes) aus dem
Himmel[5]) Evangelium vortrüge, [es betreibe, ihnen Evangelium
vorzutragen] abweichend von dem, was die erstgenannten ihnen
thatsächlich als Evangelium vorgetragen haben, so wäre der Betreffende ein Gegenstand für das Fluchurteil Gottes. Wie sie 9.
es ehedem gesagt haben[6]), so wiederholt es Paulus in der gegenwärtigen Lage: wenn, wie es ja der Fall ist, irgendwer sie mit
einem Vortrage des Evangelium bedenkt, abweichend von dem,
was sie als solches empfangen haben, der ist Gegenstand für das
Fluchurteil Gottes.

Zu dieser rücksichtslos anwendenden Wiederholung jenes 10.
Grundsatzes hat Paulus Grund, denn wie die Sachen im Augenblicke liegen, wäre Rücksichtnahme auf Menschen unzulässig[7]); und
für diese Auffassung der Lage nimmt Paulus das eigne Urteil
seiner Leser fragend in anspruch, indem er ihnen andeutungsweise
die Voraussetzungen für ein solches unterbreitet. Ob er gegenwärtig
dabei sei, Menschen für sich zu gewinnen oder Gott, mögen sie
sich selbst sagen. Ob etwa sein Bemühen (wie dasjenige der von
ihm verurteilten Männer)[8]) sei, sich Menschen gefällig zu erweisen?
Die ihre Begründung in sich schließende Antwort liegt in der

---

1) 2, 20. 21. — * 2) 5, 8. 13. 1, 15. — 3) 5, 10 f. —
4) 5, 2 f. 6, 12 f. — 5) 4, 14. — 6) 4, 12 f. — 7) 5, 4. 7 f.
6. 12 f. — 8) 6, 12. 13 vgl. 4, 16 f.

Folgerung: wenn er jetzt noch fortführe, sich Menschen gefällig zu zeigen, so erwiese er dadurch, daß er Christi Knecht überhaupt gar nicht wäre. Wo es sich nämlich, wie im Augenblick bei ihnen, um das Evangelium selbst handelt, ist Nachsicht gegen Menschen

11 f. und Rücksicht auf sie ausgeschlossen[1]); kann jenes doch in seiner Einzigkeit, wie überhaupt, so auch bei dem Knechtsdienst des Paulus sowohl nach Herkunft als nach Ausrichtung nicht anders sein als unabhängig von Menschen. Diese Begründung seines obigen Schlußurteils führt Paulus fortan in ruhigerer Erörterung der

11. infragekommenden Thatsachen seines Lebens aus  Unter freundlicher Anrede an die Leser als an Brüder[2]) erklärt er, sie über das Evangelium, welches von ihm überhaupt als solches vorgetragen worden ist[3]), belehren zu wollen, und zwar durch die Versicherung, dasselbe trage Menschenart durchaus

12. nicht an sich[4]). Das ist so gar nicht der Fall, daß auch, was seine Person betrifft, seine Bekanntschaft mit demselben nicht menschlich begründet worden ist, weder bei ihrem Empfange überhaupt, noch auch in weiterem Unterrichte über dasselbe, sondern sie ist ihm lediglich durch Offenbarung vermittelt worden, deren vermittelnder Gegenstand Jesus Christus war[5])

13 f. [? welche Jesus Christus ihm zuteil werden ließ]. Eine solche Vermittelung ist ja durch alles, was die Leser von der Vergangenheit des Paulus wissen, erfordert gewesen, damit es bei ihm zu dem Umschwunge kommen konnte, in dem er zu dem selbständigen

13. Heidenapostel wurde. Haben sie doch von seinem Lebenswandel während seiner Vergangenheit innerhalb der jüdischen religiösen Sitte vernommen, daß er im Übermaß die Verfolgung der Gemeinde Gottes und ihre Zerstörung betrieb; so wenig war er für

14. die Annahme des christlichen Glaubens vorbereitet. Und so wenig vollends für die Vertretung eines Christentumes, innerhalb dessen die Sonderung durch jüdische Sitte[6]) aufhört, daß er an Fortschritten in der Übung der jüdisch-religiösen Sitte viele Altersgenossen innerhalb seines Volkes übertraf, indem er den Eifer für alles das, was ihm väterliche Überlieferung war, in besonderem

15 f. Maße zu seinem Charakterzuge gemacht hatte. Dann kam aber

---

1) vgl. 2, 14. 11. —     2) vgl. B. 6 und 3, 15 mit 3, 1. —
3) B. 8. —     4) B. 1. —     5) B. 1. 16. —     6) vgl. 2, 11 f.

ein jäher Umſchwung[1]). Es kam der Zeitpunkt, da es dem [Gott], ·
dem Paulus wie ſeine ſchöpferiſche Ausſonderung von Mutterleibe
an, ſo ſeine geſchichtliche, durch die Gnade deſſelben vermittelte[2])
Berufung verdankt, beliebte, durch Offenbarung ſeinen Sohn[3]) 16.
als ſolchen in dem Inneren des Paulus mit dem Abſehen darauf
kund zu machen, daß Paulus den (bekanntlich von ihm bisher wirklich
verſehenen) Evangeliſtendienſt für denſelben in der Heidenwelt aus-
übe[4]). Und was Paulus damals ſofort that, beſtund nicht darin, daß
er Menſchen von Fleiſch und Blut zur Begutachtung (ſeines Erleb-
niſſes oder Vorhabens) in Anſpruch nahm[5]); auch nicht darin, 17.
daß er ſeinen (bekannten) Aufenthaltsort verließ, um nach Jeruſalem zu denen, die vor ihm Apoſtel geweſen ſind[6]), zu kommen
[daß er nach J. . . . hinaufzog]; ſondern, wenn er ſeinen Aufenthaltsort verließ, geſchah es, um nach Arabien zu gehen und von
dort noch einmal nach Damaskus zurückzukehren. Erſt als ſeitdem 18.
drei Jahre verſtrichen waren, zog er dann nach Jeruſalem hinauf,
um Kephas kennen zu lernen und blieb bei ihm zwei Wochen lang;
einen andern von den Apoſteln hat er auch bei dieſer Gelegenheit 19.
nicht geſehen, nur noch von angeſehenen Perſonen Jakobus, den
Bruder des Herrn[7]). Für die Verläßlichkeit dieſer ſchriftlichen 20.
Mitteilung an die Leſer nimmt Paulus Gott zum Zeugen, — und
eben damit deutet er auf ſolche Züge in derſelben hin, welche
nicht allgemein kundbar ſein konnten, hebt aber zugleich ihre Be-
deutſamkeit für den Erweis ſeiner Selbſtändigkeit hervor.

Dann iſt er in die Gegenden Syriens und Kilikiens ge- 21.
kommen, unbekannt aber von Perſon den chriſtlichen Gemeinden 22.
der jüdiſchen Landſchaft geblieben; nur hörten ihre Mitglieder 23.
fortgehend berichten: „unſer einſtiger Verfolger iſt jetzt Evangeliſt
desſelben Glaubens, welchen er ehedem zu zerſtören bemüht war"[8]),
und wurden dadurch bewegt, ihn zum Anlaß für den Lobpreis 24.
Gottes zu machen, — ſo anerkannt und unbeſtritten war
damals ſeine Evangeliſationsarbeit. So iſt es geblie- 2, 1.
ben, bis dann[9]) Paulus nach Verlauf von vierzehn Jahren wieder
einmal nach Jeruſalem in Geſellſchaft des Barnabas hinaufging,

---

1) 2, 19—21. — 2) B. 1 vgl. B. 6. — 3) 4, 4. 2, 20.
4) 2, 7 f. — 5) B. 10. 1. — 6) 2, 6. — 7) 2, 9. 12. — 8) B. 13 —
vgl. 2, 16. 3, 2. 22 f. 5, 5. 6. — 9) 1, 18.

2. wobei er auch noch ben Titus mitnahm[1]). Zu biefer Reife be-
ftimmte ihn aber eine Offenbarung, und bei biefer Gelegenheit
legte er ben angetroffenen Chriften[2]) bas Evangelium vor, welches er fort und fort in ber Heidenwelt verkündigt[3]); in gefon-
bertem Zufammenfein aber that er baffelbe ben Angefehenen
gegenüber, in ber Beforgnis, Mißverftänbniffe in betreff feiner
Thätigkeit könnten bem ben Erfolg nehmen, was er in feinem
Dienft arbeite, ober gar auch bem, was er bisher in bemfelben
gearbeitet hat [? mit ber zuverfichtlichen Anfrage, ob er benn,
unbenkbarer Weife, ohne rechten Erfolg arbeite ober bisher ge-
3. arbeitet habe]. Statt beffen, baß jene Beforgnis [? in ber Frage
ausgefchloffene Annahme] fich rechtfertigte, ergab fich, baß nicht
einmal auf Titus, ben Begleiter bes Paulus, ber boch Hellene
4. ift, ein Zwang zur Befchneibung[4]) geübt wurde [? unb zwar
bilbeten ben Anlaß zu folcher thatfächlichen Entfcheibung bes
Streites um bie Befchneibung gerabe bie neben . . .][5]). Was
aber ben Anlaß zu biefen Vorgängen überhaupt angeht, fo bilbeten benfelben bie neben bem rechten Wege her in ben Arbeits-
kreis ber Heibenboten [? in bie chriftliche Gemeinfchaft] unberechtigt
eingebrungenen falfchen Chriftenbrüber, welche fich ja als folche
erweifen, indem fie folchen Eintritt beshalb vollzogen haben, um
bie Freiheit ber jübifchen Evangeliften, zunächft alfo bes *Paulus*
unb *Barnabas*, [? ber Chriften] vom Gefetze, welche biefe boch
aufgrunb ber Zugehörigkeit zu Chrifto befitzen[6]), in
bem von berfelben gemachten Gebrauche mit ber Abficht feinb-
fchaftlich zu beobachten[7]), bamit fie Gelegenheit fänden, biefelben
5. in völlige Knechtfchaft zurückzubringen[8]). Unb eben biefen Leuten
haben Paulus unb feine Genoffen [? bie Hanbelnben] nicht einmal vorübergehend nachgegeben rückfichtlich ber von jenen gefor-
berten Unterorbnung, nicht um ihrer felbft willen, fonbern bamit
bie Wahrheit bes Evangelium[9]) fort gelte nnb beftehe für
bie Gemeinben unb fomit eben vornehmlich auch für bie Lefer[10]).

---

1) B. 3. —     2) B. 1 ober 1, 23? —     3) 1, 16. 11. —
4) 5, 2 f. 6, 12. —     5) [Wohl aber finb bie . . . . falfchen Brüber . . .
ben Heibenboten . . . Anlaß geworben, vorübergehenb bie Unterorbnung zu
üben, bamit für immer bie Wahrheit . . .] —     6) 4, 31 f. —     7) vgl.
5, 13—23. —     8) 4, 1—7. 21 f. —     9) 5, 7. —     10) 4, 6. 7. 31.

¹) Wendet sich aber die Betrachtung von jenen auf die Angesehenen ²) 6 f.
zurück, so kommen sie in keinem Sinne als Quell seines Boten-
dienstes infrage, sondern lediglich als Zeugen der ihm von Gott
verliehenen und bestätigten Vollmacht. Daß von den Angesehenen
ihm eine Würde [? etwas] herkomme, hat für Paulus, in welcher
Stellung immer (ihm gegenüber) sie auch gewesen sein mögen,
keine Bedeutung; nach der geschichtlichen Stellung fällt Gottes
schätzendes Urteil über einen Menschen ja nicht. Es hat für
Paulus keine Bedeutung, denn ihn, wie sich's auch mit andern
verhalten mag, ihn haben diese Angesehenen mit keinem Auftrage
in anspruch genommen, vielmehr wurden im Gegenteile die 7 f.
Arbeitskreise unter Anerkennung der göttlichen Fügung friedlich
zwischen ihm und den Führern abgegrenzt. Sie wurden nämlich 7.
an dem Erfolge inne, daß er mit der Evangelisierung der Vorhaut
betraut sei, wie Petrus mit der der Beschneidung, sofern ja (Gott), 8.
der dem Petrus mit seiner Wirkung für den Aposteldienst an der
Beschneidung beigestanden hat, mit seiner Wirkung ebenso dem Paulus
für die Heidenwelt beigestanden hat, und erkannten dergestalt die 9.
Gnade, welche dem Paulus verliehen ist; und eben deshalb haben
Jakobus ³), Kephas und Johannes, welche sich (mit grund) als
Träger der Gemeinde ansehen [? welche als . . . angesehen sind],
ihre Hand ihm und dem Barnabas ⁴) als Zeichen der Gemeinschaft rücksichtlich der Evangelistenarbeit gegeben, indem sie so die
Bestimmung der letzten für die Heidenwelt anerkannten, die ihre
für die Beschneidung aber vorbehielten. Nur der armen Juden- 10.
christen sollten jene dabei gedenken; und das war gerade das,
worum sich Paulus bereits gemüht hatte. Als nun aber Kephas, 11.
wie bekannt, dahin, wo Paulus seinen Wirkungskreis und die
Heidenchristenschaft ihren Ausgangspunkt hat, nach Antiochia kam,
ist Paulus ihm persönlich entgegengetreten, weil das Urteil über
seine Handlungsweise zweifellos war. Derselbe hatte nämlich vor 12.
der Ankunft einiger Männer aus der Umgebung des Jakobus ⁵)

---

1) [? Was Zumutungen der als etwas Besondres Angesehenen angeht,
so weist Paulus, um Mißverständnissen zuvorzukommen, abbrechend die Rücksicht auf ihre schon ebedem geltende Würde ab (1, 17); nach der geschichtlichen . . . nicht. Ihm haben ja die Angesehenen in keiner Beziehung eine
Zumutung gemacht, vielmehr . . . B. 7.] — 2) B. 2. — 3) 1, 19. —
4) B. 1. — 5) 2, 9.

mit den chriftlichen Heiden ungehemmten Verkehr bei Mahlzeiten gepflogen, nach deren Ankunft aber begann er sich dem zu entziehen und sich nach jüdischer Sitte abzusondern, aus Scheu vor
13. den sonstigen Christen aus der Beschneidung. Und in solchem Thun wider die richtige Überzeugung schlossen sich ihm auch die übrigen dortigen chriftlichen Juden an; ja der Vorgang war so einflußreich, daß sogar Barnabas[1]) sich von dieser ihrer über-
14. zeugungswidrigen Handlungsweise fortreißen ließ. Allein das hat den Paulus nicht beirrt; als er sah, daß sie ihr Verhalten nicht klar und feft nach der **Wahrheit des Evangelium**[2]) bemaßen, hielt er dem Kephas in voller Öffentlichkeit vor: wenn es überhaupt geschehen kann, daß du, obwohl thatsächlich ein Jude, deine Lebensweise für irgend welche Dauer nach heidnischer Sitte gestaltest und nicht nach jüdischer, warum legst du durch dein Verhalten den chriftlichen Heiden für das chriftliche Zusammenleben die Nötigung auf [wie verträgt sich's damit, wenn du ....
15 f. auflegst], jüdische Sitte zu befolgen[3]). In diesem Selbftwiderspruche des Verhaltens verrate sich, wie Paulus weiter ausführt, ein Widerspruch mit der auch von Petrus geteilten chriftlichen
15. Grundüberzeugung. Mit Paulus sind Petrus und die andern infrage kommenden Christen freilich von Geburt dem Gesetze verpflichtete Juden[4]) und nicht zufolge heidnischer Abkunft in roher Gesetzlosigkeit, nach dem herkömmlichen jüdischen Urteile, Sünder
16. schlechtweg; trotzdem hat das Bewußtsein, daß göttliche Anerkennung als eines Gerechten einem Menschen nicht zufolge einzelner Befolgungen von Gesetzesforderungen, — niemandem irgendwie außer durch Vermittelung von Glauben an Jesum Christum zuteil werde[5]), auch sie gleich den Heiden veranlaßt, Glauben an Christum Jesum mit dem Absehen zu fassen, daß ihnen die Anerkennung als Gerechter zufolge von Glauben an Christum (einfürallemal) zuteilwerde, und nicht zufolge solcher Gesetzeswerke, dieweil ja bekanntlich zufolge von solchen jene Anerkennung in alle Wege keinem Gliede der Menschheit, die ihr Leben in sinnlicher Natur
17. hat, zuteil werden mag[6]). Sollte sich nun aber herausgestellt haben, daß ihre Bemühung um jenen Rechtfertigungsstand, dessen

---

1) V. 2—9. —    2) V. 5. —    3) 1, 14. —    4) 1, 13. 14.
4, 3. —    5) 3, 22 f. vgl. 6, 14. —    6) 3, 10 f.

[? jene Gerechterklärung, deren] ausschließlicher Grund Christus ist[1]), sie in ihrer Entbindung von gesetzlicher Sitte zu Sündern mache, gleicher Weise wie die Heiden den Juden gelten, so würde sich Jesus als Beförderer der Sünde erweisen. Schon in dieser strengen Folgerung liegt die Begründung für die Abweisung, welche Paulus jener Beurteilung angedeihen läßt, sofern sie als Frage aufgeworfen werden sollte. Das kann sich eben nicht herausstellen; vielmehr gilt der auf jeden anwendbare Satz: wenn [18.] man, was man außer Geltung gesetzt hat, eben das und nichts andres wieder in Geltung setzt, so thut man dar, daß der Widerspruch in der eignen Person liegt, sofern sie die zuerst gezogene Richtungslinie verletzt; in Selbstwiderspruch erscheint der gesetzliche Judenchrist, als ein Gesetzes-Übertreter, wenn er, die Bedeutung des Gesetzes für ihn selbst verkennend, die Lösung von der gesetzlichen Sitte als Sünde schätzt, während doch das Gesetz selbst auf solche Lösung hinführt. Denn Paulus kann und muß von [19.] seiner Person bezeugen, was ja nur die weitere Auseinanderlegung jener Einsicht ist, welche zu dem Bemühen um die Gerechterklärung infolge Glaubens führt, daß eben Gesetz sich ihm als Vermittelung dafür erwiesen hat, allem, was Gesetz ist, einfürallemal abzusterben[2]), um fortan Gotte selbst zu leben. In der erfahrenen [20.] Beteiligung an Christi Kreuzestod hat er jenes Absterben erfahren[3]). Lebt er trotzdem, so führt dies Leben nicht mehr sein Ich, sondern der ihm innewohnende Christus[4]). Hat er aber in der Gegenwart noch ein Leben unter den Bedingungen des Fleisches (das ist: sinnlicher [? sündiger] Natur) zu führen, so sind's die Bedingungen des Glaubens, unter denen er es führt[5]), und zwar des Glaubens, dessen Gegenstand der Sohn Gottes ist[6]), sofern derselbe dem Paulus seine Liebe zugewendet und sich selbst für ihn an sein Todesleiden dahingegeben hat[7]). Diese persön- [21.] liche Stellung schließt jede Geringschätzung der göttlichen Gnade aus[8]), wie eine solche in dem oben verurteilten Verhalten liegt; wenn nämlich Gesetz (anstelle Christi und jenes Absterbens durch und mit ihm) irgendwie, also etwa durch Beobachtung der gesetz-

---

1) 5, 4. 5. — 2) 3, 23 f. 4, 1—5. vgl. 1, 13. 14. — 3) 3, 27. 5. 10. — vgl. 6, 14. 4, 3. 5, 24. 23. — 4) vgl. 4, 19. 1, 16. — 5) 3, 20. 5, 5. — 6) 1, 15 f. 1. — 7) 1, 4. 3, 13. — 8) vgl. 5, 4.

3*

lichen Sitte, Gerechtigkeit vermittelte[1]), so erübrigte kein Zweck für das Sterben Christi, den höchsten Erweis jener Gnade[2]).

3, 1 f. Fortan kehrt Paulus mit unverminderter Lebhaftigkeit zu seinen Lesern selbst zurück[3]). Soeben hat er vorgeführt, wie er sein eignes Grunderlebnis als das mustergiltige eines Juden-christen, ohne Widerrede zu befahren, hat dem Petrus entgegen-halten können, und hat er zugleich ausgesagt, was ihm die Haupt-sache sein muß, wenn er die Wahrheit des Evangelium verkün-digt[4]). Tritt nun die Erinnerung an jenen Zustand daneben, den er nach den früheren Andeutungen[5]) in Galatien voraussetzen muß, so fällt ein helles Licht auf den Widerspruch, der zwischen diesen beiden Thatsachen, wie zwischen dem gegenwärtigen Ver-

1. halten der Leser und ihren christlichen Anfängen besteht; und der Mangel an christlicher Einsicht wird um so auffallender, der sich in diesem ihrem widersprechenden Thun verrät[6]). Wer hat es doch vermocht, so darf Paulus fragen[7]), sie durch seine Rede zu über-wältigen; denn eine Verzauberung muß sie ergriffen haben, sie, denen so anschaulich wie vor die leiblichen Augen Jesus Christus [von dem in ihrer Mitte gegenwärtigen Prediger] vorgemalt worden ist[8]), wie er den in seiner Bedeutung erörterten Kreuzestod er-litten hat[9]). Von der Erinnerung an die Predigt des Gekreu-zigten ergiebt sich dem Paulus der Übergang auf die Frage vom

2. Glauben wie von selbst[10]). Über eine einzige Thatsache will er, um jenen Mangel darzuthun, von ihnen unterrichtet sein, ob sie nämlich zufolge von Gesetzeswerken[11]) den göttlichen Geist em-pfangen haben oder aber zufolge vernommener Predigt, die auf

3. Glauben ging[12]). Wie die Fragstellung, so ergiebt sich die Ant-wort unzweifelhaft aus der vorangehenden Verhandlung mit Petrus. Deshalb eilt Paulus zu dem weiteren Punkte fort, in dem der getadelte Mangel an Einsicht[13]) vollends heraustritt: wenn sie nämlich, während doch der Anfang ihres Christenlebens durch Geist bedingt war, nun im Begriffe stehen, Fleisch, das ist:

---

1) 3, 21. — 2) 1, 4. 6. — 3) 1, 6. — 4) 2, 21 vgl. B. 16. 18. 14. — 5) 1, 7 vgl. 2, 4. — 6) 4, 21 f. 8 f. — 7) 5, 7 f. — 8) durch den Mitgekreuzigten 2, 20 f. — 9) 6, 14 f. 5, 11. — 10) 2, 16. — 11) 2, 16. — 12) Glauben weckender mündlicher Predigt, Römer 10, 13—18. — 13) B. 1.

finnliche (fündige) Natur [1]), zu dem zu machen, wovon sie sich 3.
den Fortschritt zur Vollendung versprechen. Ein so widerspre- 4.
chendes Verhalten scheint nur erklärlich, wenn die Fülle der durch
Geist bedingten Erfahrungen von ihnen umsonst gemacht ist, so
daß sie meinen können, davon nicht genug zu haben. Freilich will
dies „umsonst" dem Paulus unglaublich scheinen. Die Erfahrungen
sind ja nicht blos frühere und der Empfang weist auf den Geber;
so nimmt Paulus die entscheidende Vorfrage eindringlich wieder 5.
auf [2]): der nun, der sie mit dem Geiste ausrüstet und Werke
übermenschlicher Kraft in ihrer Mitte [? übermenschliche Kräfte in
ihnen] wirkt, braucht er als Voraussetzung dafür Gesetzeswerke
oder vernommene Predigt, die auf Glauben geht? Nimmt
Paulus die Antwort wieder als zweifellos an, so hat er als
Gegenstand der folgenden Verhandlung die Ordnung Gottes her-
ausgehoben, nach welcher der Geist empfangen und damit der
wahre Christenstand erlangt wird. Wird aber diese Ordnung auf
Grund der Offenbarungsgeschichte erörtert, so erscheint die Geistes-
mitteilung als der Inhalt des verheißenen Segens, welcher zugleich im Leben besteht; dessen Empfang hängt aber von dem
Besitze der Gerechtigkeit ab; und an dieses entscheidende Stück
des Christenstandes sind die Leser soeben nachdrücklich erinnert [3]).

Ohne die Antwort „aus Glauben" auszusprechen [4]), ersetzt 6.
oder begründet Paulus dieselbe sogleich durch den Hinweis auf
das maßgebende Ereignis, wie bekanntlich Abraham seinen Glauben auf Gott gestellt hat und dies gläubige Verhalten ihm als
Gerechtigkeit angerechnet worden ist [5]). Daraus können die Leser 7.
folgern, daß solche, für deren Verhältnis zu Gott das „aus
Glauben" gilt, und nur sie, zu Abrahams Nachkommenschaft [6])
gehören. Damit hängt aber der Empfang des göttlichen Segens 8.
zusammen; in Voraussicht der jetzt sich vollziehenden Ordnung,
dergemäß das „aus Glauben" gilt, wenn den Heiden Gerechterklärung von Gott zuteilwird, hat die in der Schrift beurkundete
Offenbarung dem Abraham gegenüber das Evangelium in der
Ankündigung vorausgenommen, daß in seiner Segnung zugleich
alle Heiden gesegnet werden sollten [7]). Daraus ergiebt sich, daß 9.

---

1) 6, 12. 13. 5, 16 f. — 2) B. 2. — 3) 2, 16. 21. —
4) B. 2. — 5) 1 Mose 15, 6. — 6) B. 29. — 7) 1 Mose 12, 3.

diejenigen, für die das „aus Glauben" gilt, den Segen eben- in
Gemeinschaft mit dem Abraham empfangen, dessen hiefür bedeut-
10 f. same Eigenschaft sein Glaube ist.  Nur dieser Weg führt bei der
im alten Bunde gestellten Alternative von Segen oder Fluch[1])
10. zum Empfange des Segens.  Denn diejenigen, für deren Verhältnis zu Gott gilt „aus Gesetzeswerken," die stehen ausnahms=
los unter dem Fluche.  Das bezeugt das Schriftwort, indem es
den Fluch über jeden ausspricht, der sich nicht an alles, was im
Gesetzbuche geschrieben steht, beharrlich und thatkräftig hält[2]).
11. Daburch ist nun ferner auf dem alttestamentlichen Boden der
Empfang des Segens überhaupt ausgeschlossen; innerhalb der
Gesetzesanstalt ist nämlich die Anerkennung bei Gott als gerecht
nicht zu erlangen[3]); das wird klar burch den Widerspruch der in
der Schrift verzeichneten Grundsätze über die Bedingung für den
Empfang des Lebens; nach dem prophetischen Grundsatze kommt
dem Gerechten „aus Glauben" das Leben[4]), der Inhalt des ver-
12. heißenen Segens[5]); dagegen für die Gesetzesanstalt gilt das „aus
Glauben" in keiner Beziehung, vielmehr der Grundsatz: dann,
wenn jemand jene Vorschriften im Gesetzesbuche ins Werk gesetzt
hätte, würde er den Grund für die Erlangung des Lebens an
denselben haben[6]), welche Möglichkeit ja durch jenen prophetischen
13 f. Grundsatz ausgeschlossen ist[7]).  Christus erst, der ja seinen Namen
von seiner Messianität trägt und der bekannte Gegenstand des
Glaubens ist[8]), hat für die Erfüllung der Verheißung an Abraham
freie Bahn geschafft, indem er die Fluchwirkung des Gesetzes in
seinem Kreuzesleiden erschöpfte.  Er hat Paulus und alle an das
Gesetz Gebundenen aus der Verhaftung an jenen Fluch des Gesetzes um den Preis losgekauft[9]), daß er ihnen zu gut Fluch-
gegenstand wurde; denn so ist sein Tod zu betrachten gemäß der
Schriftaussage, dem Fluche sei verfallen jeder ans Schandholz
14. Gehängte[10]).  Und sein Zweck ist dabei die Begründung der

---

1) 5 Mose 30, 15—20. — 2) 5 Mose 27, 26. — 3) 2, 16. —
4) Habakuk 2, 4. Römer 1, 17. — 5) 5 Mose 30, 16. — 6) 3 Mose
18, 5. — 7) [? Weil aber innerhalb der Gesetzesanstalt die Anerk. . . . ,
wie das nämlich aus dem Widerspruche inbetreff des „aus Glauben" zwischen
dem prophetischen und dem gesetzlichen Grundsatze über die Erlangung des
Lebens erhellt, so hat Chr. . . . .] — 8) 2, 20. 16. — 9) 4, 4 f.
2, 19. 20. — 10) 5 Mose 21, 23.

Ordnung gewesen, nach welcher den Heiden der Segen Abrahams kraft ihres Verhältnisses zu Christo Jesu zuteilwürde[1]), und damit auch derjenigen Ordnung, nach welcher die **Verheißung des Geistes** sich an den Christen insgemein verwirklicht mittels des Glaubens[2]).

So ist die Antwort „aus Glauben und nicht aus Gesetzes- [15 f.] werken" an der Schrift und dem rechten Verständnis des Todes Christi entwickelt, zunächst mit Rücksicht auf die grundlegende Segenserteilung[3]) in dem Empfange des verheißenen Geistes; dasselbe gilt nun auch für das Erbe oder das abschließende Heilsgut, welches durch das Kindesverhältnis gegenüber Gott bedingt ist. Der Aufgabe, in diesem Sinne den Lesern die Tragweite ihres Grunderlebnisses für den Fortgang ihres Christenlebens[4]) zu entwickeln, dient es, wenn Paulus fortan die **Verheißung** samt ihrer Erfüllung dem **Gesetze gegenüberstellt**[5]) und diesem zugleich seine dienende Stellung im Fortgange des göttlichen Waltens anweist. Die betreffende Erörterung beginnt Paulus mit [15.] der Bemerkung, er stelle diese Dinge nach der Art menschlicher Verhältnisse dar. Wenn's nun auch nur ein Mensch sei, dessen letztwillige Verfügung (Testament) giltig geworden ist, so hebe doch niemand sie auf oder mache eine Zusatzverfügung (wie wird sich's mit Gott verhalten!). Überdem aber ist's Abraham, dem die [16.] Verheißungen zugesprochen sind, und sein Nachkomme [?seine Nachkommenschaft][6]). Nun heißt es in der Schrift ausdrücklich nicht „und deinen Nachkommen" zum Hinweise auf viele, sondern zum Hinweise auf einen „und deinem Nachkommen;" und der ist eben Christus, der Träger der Messiaswürde [? „und deinen Nachkommenschaften" .... auf eine „und deiner Nachkommenschaft," und diese besteht in Christo, wie er als Haupt mit seiner Gemeinde eine Einheit bildet][7]). Mit dieser Erinnerung aber er- [17.] klärt Paulus, auf das Folgende hinaus zu wollen: eine endgiltige Verfügung über Erbzuteilung (ein Testament), wenn ihr zuvor Giltigkeit von Gott selbst verliehen ist, setzt das vierhundert-

---

1) B. 8. —  2) B. 2. 1. —  3) 3, 3. 4, 5. 7. 5, 5. — 4) B. 3. —  5) B. 18. 21. 29. 4, 7 vgl. 3, 23. 25. 4, 4. — 6) 1 Mose 22. 16 f. vgl. 13, 15. 17, 7 f. —  7) B. 27—29 vgl. 1 Korinth. 12, 12.

unddreißig Jahre nach derselben entstandene Gesetz nicht im Widerspruche mit jenem menschlichen Rechtsbrauche zu dem Behuf außer
18. Giltigkeit, um der Verheißung ihre Wirkung zu nehmen, wie das
der Fall sein würde, wenn fortan das Gesetz als Rechtsurkunde
für das Erbe gelten sollte; denn wäre dem so, dann bestünde
jene Rechtsurkunde nicht mehr in Verheißung. Für den Abraham,
von dem sich doch jenes Anrecht ableitet, ist aber thatsächlich V e r -
h e i ß u n g die Vermittelung gewesen, durch die G o t t s e l b s t ihn
rein aus Gnaden beschenkt hat. So zeigt zuvörderst der Blick
auf den ersten Empfänger der Verheißung, die auf G o t t s e l b s t
zurückgeht, wie ihre unwandelbare Giltigkeit durch ihren zeitlichen
Vorrang gegenüber dem Gesetze begründet sei; der Blick auf den
im voraus bestimmten Empfänger des verheißenen Erbes[1]) stellt
dann weiter mit der Vorläufigkeit des Gesetzes auch die dienende
Abzielung desselben auf die Erfüllung der Verheißung ins Licht.

19. Erhebt sich zufolge jener Zurückstellung des Gesetzes gegen die
Verheißung die Frage nach seinem Zweck, so war's mit seiner
Hinzufügung[2]) zu der vorangehenden Offenbarung auf die Übertretungen abgesehen, zu denen die Sünde ihm gegenüber führen
mußte und sollte, aber auch nur für die Zwischenzeit, bis der
Nachkomme [? die Nachkommenschaft] gekommen sein würde, dem
[? der] Gott die Verheißung gegeben hat[3]); und dieser nur vor-
übergehenden Bedeutung des Gesetzes entspricht die Offenbarungs-
weise, sofern seine Verordnung durch Engel zuhanden eines

20. Mittlers vollzogen ist. Nun gilt aber der Satz, daß, wo eine
Mittelsperson handelt, sie nicht für einen einzigen thätig ist;
Gott aber ist ein einziger; so weist jene Vermittelung des Gesetzes noch auf einen andern Beteiligten hin, nämlich das Volk
als das Subject jener Übertretungen, und stellt das Gesetz hinter
die lediglich und bedingungslos von Gott erteilte Verheißung

21. zurück. Ist nun der Zweck des Gesetzes durchaus ein andrer,
als die Vermittelung des Erbgutes, so darf man weiter fragen, ob
es nicht jenen Verheißungen, die doch G o t t s e l b s t gegeben, zu-
widerlaufe. Diese Annahme ist aber durchaus abzuweisen, denn
sie fließt aus einem Mißverständnis der geschichtlichen Bedeutung
des Gesetzes. Wäre nämlich ein Gesetz gegeben worden, welches

---

1) B. 16. —     2) B. 17. —     3) B. 16.

vermocht hätte, das verheißene Leben mitzuteilen[1]), dann müßte sich's freilich in Wirklichkeit so verhalten, daß Gesetz der Quell für die Gerechtigkeit wäre [es innerhalb der Gesetzesanstalt die Gerechtigkeit gäbe][2]), ohne die es kein Leben giebt. Im geraden 22. Gegensatze zu dieser Voraussetzung hat die in der Schrift beurkundete Offenbarung[3]), ohne einen Ausweg zuzulassen, die Gesamtheit, Juden so gut wie Heiden, mit dem Gewichte göttlichen Urteiles unter die Sünde gestellt, damit die Verheißung zufolge Glaubens an Jesum Christum sich an denen verwirkliche, wo und wenn solche vorhanden sind, die glauben[4]). Das Verhältnis zwi- 23. schen Glaube und Gesetz stellt sich aber so, daß bevor jener als der von Gott geordnete Weg, um Gerechtigkeit und Leben zu erlangen[5]), eintrat, die betreffenden, wie es auch Paulus erfahren hat, unter Gesetz bewahrt wurden, ohne daß ihnen ein andrer Ausweg aus dieser Haft gelassen wäre, als der Glaube, der im Begriffe stand, offenbart zu werden. So ergiebt sich, daß dem 24. Gesetze eine geschichtliche Bedeutung für die ihm Unterstellten zukommt, dieselbe aber der Vergangenheit angehört. Es hat sich für sie als Erzieher auf Christum als den Messias hin erwiesen, damit sie eben „aus Glauben" die Anerkennung als Gerechte empfingen;[6]) nachdem aber eben der Glaube eingetreten ist[7]), besteht 25. die Unterordnung unter einen Erzieher für sie nicht mehr. Zum 26. Belege dafür beruft sich Paulus auf den Christenstand seiner Leser; ohne Unterschied sind sie Gottes Söhne[8]) und zwar so, daß für sie ohne Unterschied der Glaube die Vermittelung, ihr Verhältnis zu Christo Jesu den Grund dieser Würde bildet. Denn wie viele ihrer die Taufe auf Christum empfangen haben, 27. die haben eben dadurch Christum angezogen und so in der innigsten Verbindung mit ihm seine Art gewonnen. In dieser ihrer 28. Bestimmtheit giebt's nicht mehr die Besonderheit eines Juden, auch nicht die eines Hellenen, giebt's nicht die Stellung eines Sklaven noch auch die eines Freien, giebt's nicht den Unterschied von Mann und Weib; denn insgesamt haben sie ja ein einheitliches Wesen kraft ihres Verhältnisses zu Christo Jesu. Gilt aber 29.

---

1) B. 12. —        2) 2, 21.  3, 11. —        3) B. 8.  4, 30. —
4) B. 14. —     5) 2, 16.  3, 11. —     6) B. 19.  2, 19—21. 15. 16. —
7) B. 23. —     8) vgl. zu B. 15 f.

von ihnen, daß sie Christo angehören, dann folgt auch, daß sie
(durch diese der Schrift entsprechende Vermittelung[1]) statt durch
leibliche Abstammung) Abrahams Nachkommenschaft[2]) sind; das
will aber sagen: auf grund von Verheißung ohne weiteres
und namentlich auch, ohne daß Gesetz infrage käme, des Anteiles
4, 1 f. an dem Heilsgute als dem Erbe gewiß[3]). Und so steht es mit
den Christen ohne Unterschied, weil ja Gott durch Christum die
hemmende Bedeutung des Gesetzes beseitigt und anstelle der
Sklaverei unter demselben den Sohnesstand eröffnet hat; als
weitere Erläuterung seines Satzes kündigt es Paulus darum an,
wenn er die Offenbarungsgemeinde (die für das Heil bestimmte
Menschheit) vor Christo mit einem Knaben vergleicht, dessen
Eigentumsrecht noch nicht Besitz werden kann. So lange der
Erbe unmündig ist, unterscheidet er sich in nichts von einem Skla-
2. ven, während er doch rechtlich Herr über alles ist, sondern steht
wie jener unter Aufsehern und Haushältern bis zu dem Zeit-
3. punkt, den der Vater für seine Mündigkeit festgesetzt hat[4]). Das
gilt auch von den Genannten; während ihrer Unmündigkeit sind sie
unter die (Sein und Gang der bestehenden Welt[5]) bestimmen-
den Grund-Bestandteile und -Kräfte, die) Elemente der Welt[6])
[? die durch die Beziehung auf die irdische Welt bestimmte Elemen-
4. tarform der Offenbarung] als Sklaven gestellt gewesen. Als aber
das von Gott bestimmte Vollmaß des Zeitverlaufes eingetreten
war, hat Gott von sich her seinen Sohn[7]) ausgesandt, in der
Art, daß derselbe von einem Weibe sein menschliches Leben em-
5. pfing, unter Gesetz sich zu entwickeln und zu leben hatte, eben mit
dem Zwecke, daß er die unter Gesetz Gestellten aus ihrer Sklaverei
loskaufte[8]) und die Christen aufgrund dessen die Annahme an
6. Sohnesstatt empfingen. Das den Lesern [? wie allen Christen]
geltende Vorhandensein des Sohnesstandes[9]) aber findet seinen
Erkenntnisgrund in der [? bildet den Sachgrund für die] Thatsache, daß Gott von sich her den Geist seines Sohnes, wie's ja
Paulus und die Leser kennen, in die Herzen der Christen ausgesandt hat[10]), als einen der den lauten Gebetsruf „Abba Vater"

---

1) 4, 22 f. —    2) B. 16. —    3) B. 18. —    4) vgl.
3, 23. 24. —    5) vgl. 1, 4. —    6) B. 9. 10. 3, 19. —    7) 2, 20.
1, 16. —    8) 3, 13. —    9) 3, 26 f. —    10) B. 4. 3, 14. 2. 1, 16.

erhebt. Darauf hin kann Paulus in persönlicher Anwendung auf 7. jeden Leser den Schluß ziehen, daß anstelle ehemaligen Sklavenstandes für ihn Sohnesstand getreten ist; der Sohnesstand schließt aber für ihn den Anteil am Erbgut ein[1]) und zwar wie denselben ausschließlich Gott vermittelt[2]).

Dergestalt ist die Tragweite des durch den Glauben an 8 f. die evangelische Verkündigung vermittelten Geistesempfanges und Sohnesstandes[3]) deutlich geworden. Der Umschwung[4]), welchen die Erlangung dieses Sohnesstandes in das Leben seiner Leser gebracht hat, bietet dem Paulus die Anknüpfung, um ihr jetziges Treiben im Gegensatze dazu eindrücklich als einen bei der Sachlage unbegreiflichen Rückfall strafend zu kennzeichnen[5]). In der Vergangenheit haben sie um Gott nicht gewußt und infolge dessen Sklavendienst[6]) solchen Wesen geleistet, welche ihnen, ohne das ihrem Wesen nach zu sein, für Götter galten; jetzt haben sie 9. Gotteserkenntnis gewonnen, ja vielmehr, sie sind Gegenstände des Erkennens vonseiten Gottes geworden, und stehen mithin anstelle jenes sklavischen Wahnkult mit dem lebendigen Gott in einem erfahrungsmäßigen, bewußten Wechselverhältnisse[7]); so ist's doch unfaßlich, wie sie in einer neuen Belehrung sich den erwähnten kraftlosen und armseligen Elementen [? der wirkungslosen und armseligen Elementarform der Offenbarung][8]) zuwenden, denen [? der] sie trotz der erfahrenen Befreiung[9]) noch einmal von vornan Knechtsdienst zu leisten gewillt sind[10]). Das liegt darin, wenn sie 10. (wie unter dem Gesetze und im Heidentume) Tage innehalten und Monate und bestimmte Zeitpunkte und Jahre. Demgegenüber 11. kann sich Paulus ernster Besorgnis inbetreff ihrer nicht entschlagen, er habe seine Mühe an sie umsonst aufgewendet[11]).

Mit dieser Bemerkung ist das persönliche Verhältnis zwischen den Galatern und dem Paulus als ihrem Evangelisten[12]) in den Gesichtskreis gerückt; so geht er auf Begründung und 12 f. spätere bisherige Gestaltung desselben ein. Sie sollen seine Stellung zum Muster nehmen, weil er sich ja auch in ihre Lage ver

---

1) 3, 29. 18. 14. —        2) 3, 29 vgl. 1, 1. —        3) 3, 2. 3. 26 f. —        4) B. 7. —        5) vgl. 3, 3 und zu 3, 1 f. —        6) vgl. B. 1 mit B. 6. —        7) vgl. 1, 4. —        8) B. 3. —        9) B. 4 f. — 10) vgl. 2, 4. 5. —        11) vgl. 2, 2. 3, 4. —        12) 1, 8 vgl. 3, 1.

feẞt; das ist als an Brüder seine Bitte an sie. In keiner
Beziehung hätten sie ehedem ihm Unrecht angethan (so daß Vor-
13. würfe seinerseits eine Entfremdung bedingen könnten), vielmehr
wissen sie wohl, wie herzlich sie gleich im Anfang sich an ihn ange-
schlossen haben; während nämlich Schwachheit des Fleisches[1]) ihn
veranlaßt hat, bei seiner früheren Anwesenheit ihnen das Evan-
14. gelium vorzutragen, und trotz der Versuchung, die für sie in
seinem Fleische wegen jenes Zustandes lag, haben sie sich nicht
geringschätzig noch auch verächtlich ablehnend dagegen verhalten[2]),
sondern ihn wie einen Engel (Boten) Gottes[3]), wie Christum
15. Jesum selbst aufgenommen. Nun hat Paulus freilich Grund zu
fragen, wo doch die Seligpreisung hingeschwunden sei, mit der sie
selbst ihren Stand lobten [welcher Art, wie wenig nachhaltig die
Seligpr. gewesen sei, . . .][4]). Kann ihnen Paulus doch bezeugen,
daß sie, wenn möglich, ihre Augen ausgegraben und ihm gegeben
16. hätten. Vergleicht er demgemäß Vergangenheit und Gegenwart,
so drängt sich ihm die traurige Einsicht auf, daß er sich für ihre
Auffassung als ihr Feind erwiesen habe, indem er zu ihnen ge-
17. redet hat, was Wahrheit ist[5]). Abbrechend wendet er die Betrachtung auf die eigentlichen Urheber dieser Veränderung, die
seinen Lesern wie ihm dabei sogleich vor die Seele treten[6]). Sie
bemühen sich eifrig um die Leser nicht in löblicher Weise, sondern
ihr Sinn geht dahin, jene aus- und abzusperren, damit dieselben
nun ihrerseits sie selbst zum Gegenstande eifrigen Bemühens
18. machen[7]). Löblich vielmehr ist's, wenn jemand so Gegenstand
eifrigen Bemühens ist, daß Löbliches den Anlaß dafür bildet, wie
das eben im Widerspiel zu dem geschilderten selbstischen Treiben
ehedem zwischen den Lesern und Paulus so war; und wenn das
allezeit so ist, und nicht nur während Paulus persönlich bei ihnen
19. ist[8]), — seinen Kindern, um die er zum zweiten Male Geburts-
wehen erduldet, so lange bis daß Christus in ihnen[9]) zur Aus-
20. gestaltung gekommen sei. So wollte er wohl, trotzdem das eben
nicht erforderlich sein sollte, doch unter den jetzigen Umständen bei

---

1) 2, 20. —      2) [? wissen sie wohl, daß Schwachheit . . . und
eine Verf. für sie . . lag; trotzdem haben sie ihn nicht . . . .] — 3) 1, 8. —
4) [? wie lebhaft haben sie damals selbst ihren Stand gepriesen!] — 5) 2, 5.
5, 7. — 6) 1, 7 f. — 7) vgl. 1, 10. — 8) vgl. 14. 15. — 9) vgl. 2, 20.

ihnen gegenwärtig sein und seine lebendige Rede je nach Bedürfnis abwandeln können[1]); denn sie sind ihm Anlaß zu Verlegenheit.

Die bisherige lebhafte Besprechung des Verhältnisses zwi-[21 f.] schen den Lesern und Paulus wird ohne Übergang von einer allegorischen Ausführung über den Freiheitsstand der Christen[2]) abgelöst; dieser eigentümliche Einschub erscheint in diesem Zusammenhange wohl als ein Versuch, dem zuletzt angedeuteten Bedürfnis durch Anbequemung an die Denkart der Angeredeten nach Kräften abzuhelfen. Diejenigen, welche willens sind unter Gesetz [21.] zu stehen[3]), stellt er darüber zur Rede, ob sie denn das Gesetz in der üblichen Vorlesung nicht hören. Im andern Falle können [22.] sie ja nicht überhören, was geschrieben steht[4]); daß nämlich Abraham zwei Söhne hatte, den einen von der Magd und den andern von der Freien. Überdem aber unterschieden die beiden [23.] sich nach der Art ihrer Erzeugung, indem für diejenige des Magdsohnes Fleisch, sinnliche Menschennatur, maßgebend gewesen, diejenige des Sohnes der Freien durch die Verheißung vermittelt gewesen ist[5]). In diesen Punkten liegt eine anwendbare Bedeut-[24.] samkeit der Erzählung; diese Weiber veranschaulichen nämlich zwei Testamente (göttlich gestiftete Ordnungen). Das eine von ihnen stammt vom Berge Sinai, dem Orte der Gesetzgebung, zeugt als Mutter der ihm unterstellten Geschlechter in Sklaverei hinein[6]), und insofern ist es eben allegorisch Hagar, — worauf ja die Lage [25.] des Sinaiberges in Arabien, dem Lande der Nachkommen Hagars[7]) [die in Arabien gangbare Verwendung des Wortes Hagar zur Bezeichnung des Sinaiberges] deutet — gehört aber in eine Reihe (unter einen Gesichtspunkt) mit dem jetzigen Jerusalem, denn das letzte befindet sich ja in Sklavenstellung und schließt seine Kinder in dieselbe ein [?sodann gehört die Hagar als allegorisch verwendbare Gestalt in . .]. Zuletzt hat Paulus die als Weib vorgestellte Gottesstadt, der biblischen Darstellungsweise folgend, als Personification des Bundesvolkes verwendet und die Untrennbarkeit der Bundesordnung oder des Testamentes von dem Volke als

---

1) vgl. 3, 1. —        2) 2, 4. 5. 14 f. —        3) vgl. 3, 23 f. —
4) 1 Mose 16, 1 f. 17, 15 f. 18, 9 f. 21, 1 f. —        5) 1 Mose 17, 16.
18, 10—14. 21, 1. 2. —        6) 4, 1—5. —        7) 1 Mose 25, 12 f.
vgl. 37, 25 f.

26 f. feinem geſchichtlichen Träger betont; darüber läßt er die begonnene Gegenüberſtellung der Teſtamente fallen und ſetzt entſprechender- weiſe für das noch nicht beſprochene Teſtament den Träger des- ſelben ein, das jenſeitige Urbild der Gottesſtadt; mit demſelben verſchmilzt in ſeiner Betrachtung das vollendete Iſrael, wie die Endweisſagung es darſtellt und in ihrer bildlichen Ausdrucksweiſe ſeine Vergleichung mit der unfruchtbaren Sara im Gegenſatze zu

26. der Hagar nahe legt. Im Widerſpiel nun zu dem jetzigen Jeru- ſalem und dem ihm gleichartigen Bunde iſt das obere Jeruſalem frei, und dieſes ſteht, wie jenes zu den Juden, im Mutterverhält-

27. niſſe zu den Chriſten; ſteht doch geſchrieben[1]), das Weib, dem die natürliche Nachkommenſchaft fehlt, ſolle jubeln dürfen, weil ſeine Kinder zahlreicher ſein ſollen als die des vermählten Weibes, weil es alſo gleich der Sara eine reiche Nachkommenſchaft der

28. Verheißungserfüllung verdanken wird; das aber ſollen die ange- redeten Brüder auf ſich anwenden, denn ſie ſind, nach Art des

29. Iſaak, eben Verheißungskinder[2]). Trotzdem, daß mithin ihr Recht ſchriftmäßig klar liegt, bleibt das Verhältnis der Nachkom- menſchaften das gleiche; wie damals der fleiſchlicher- weiſe[3]) Erzeugte den geiſtlicher-weiſe[4]) Erzeugten verfolgte, ſo geſchieht's auch

30. jetzt[5]); aber auch darüber ſpricht die Schrift ihr Urteil: ſie fordert die Austreibung der Magd und ihres Sohnes, weil dieſer nicht mit dem Sohne der Freien zuſammen Anteil an dem ver-

31. heißenen Erbe[6]) nehmen ſoll[7]). Deshalb nun, weil die Kenn- zeichen aus der Allegorie zutreffen, die auf die geiſtliche Abſtam- mung[8]) hinweiſen — das hält Paulus ſeinen Brüdern vor — ſind die Chriſten nicht der Magd Kinder, ſo daß ſie in die Ge- ſetzesſklaverei hineingehörten, ſondern ſolche der Freien.

An das ſo gewonnene Stichwort[9]) knüpft Paulus die auf die Gegenwart berechnete fortlaufende Mahnung an ſeine Leſer.

5, 1 f. Freiheit iſt es, worauf es Chriſtus mit ſeiner Befreiung der Chriſten[10]) für dieſelben abgeſehen hat. Standzuhalten[11]) fordert

---

1) Jeſaja 54, 1. —      2) 3, 29. 16 vgl. 1 Moſe 17, 15 f. — 3) B. 23. —      4) B. 28. 4, 6. 3, 14. 3. —      5) 1 Moſe 21, 9. — 6) vgl. zu 3, 15 f. —      7) 1 Moſe 21, 10 vgl. 12. —      8) B. 6. 7. 3, 2. —      9) 2, 5. —      10) 4, 4—7. —      11) 3, 3.

Paulus sie darum auf[1]), und sich nicht wieder in Sklavenjoch
verstricken zu lassen[2])

Mit besondrer Hervorhebung und ausdrücklicher Einsetzung 2.
seiner Person[3]), versichert Paulus ihnen, nach Annahme der Beschneidung würden sie von Christo in keiner Beziehung Nutzen
haben. So hebt er die Unverträglichkeit der erwähnten Sklaverei
mit dem Christenstande[4]) hervor, indem er zugleich auf den Weg
hinweist, auf welchem man sie in dieselbe führen will[5]), um dann 3.
auch an den ganzen Ernst der Verbindlichkeit zu erinnern, die das
Einbiegen in denselben mit sich bringt. Abermal[6]) bezeugt er jedem
Menschen, der sich der Beschneidung unterzieht, daß er damit die
Verpflichtung übernimmt, das Gesetz vollständig ins Werk zu
setzen[7]). Für Christum nicht mehr vorhanden, so völlig von ihm 4.
getrennt, sind die Angeredeten, sofern von ihnen gilt, daß sie im
Begriff stehen, ihre Anerkennung als Gerechter in der Gesetzesanstalt zu erwerben[8]); aus der Gnade sind sie damit bereits
herausgefallen[9]). Das wird durch die gegensätzliche Stellung der 5.
Christen bedingt; von denjenigen, welche Paulus mit sich zusam-
menfassen kann, gilt nämlich, daß sie kraft des Geistes[10]) „aus
Glauben"[11]) dem Hoffnungsgut[12]), für welches Gerechtigkeit die
Voraussetzung bildet[13]), unbeirrt entgegensehen, ohne sich einer
weiteren Vermittelung benötigt zu finden, weil, wo die Gemein- 6.
schaft mit Christo Jesu infrage ist[14]), weder Beschneidung etwas
bedeutet noch Vorhaut, vielmehr lediglich Glauben, wie es sich
mittels Liebe wirklich und wirksam erweist. Nach dieser sachlichen 7 f.
Beurteilung der seine Leser bethörenden Irrung, wendet sich Paulus
zu schnell forteilenden Bemerkungen, welche die persönliche Seite
der Angelegenheit hervorkehren und die Loslösung der Galater
von ihren Irrlehrern betreiben. Sie waren — das bezeugt ihnen 7.
Paulus — in löblichem Zuge mit ihrem Christenlaufe; wer muß
das sein[15]), der sie hat hemmen können, der Wahrheit in dem
besprochenen Punkte[16]) Gehorsam zu beweisen. Die Überredung, 8.

---

1) [Rücksichtlich der Freiheit, auf welche es . . . hat, sollen sie stand-
halten, und . .] —       2) 4, 9. 3. 2, 4. —       3) vgl. 2, 16—21. —
4) 3, 26 f. —       5) 2, 3. —       6) vgl. 1, 9. 4, 16 oder 3, 10 f. —
7) 3, 10—12. —       8) 2, 16. —       9) 1, 6. 2, 21 vgl. 3, 3. 1, 3. 4. —
10) 4, 6. —       11) 3, 6 f. —       12) 3, 18 vgl. zu 3, 15 f. 4, 30. —
13) 3, 21—6. 8. 18. —       14) 3, 26 f. —       15) 3, 1. —       16) 2, 5. 14.

die ihnen den Gehorsam ausredete, stammt nicht von (Gott)
9. ihrem Berufer¹). (Bedenklich genug ist das.) Eine geringe Masse
10. Sauerteiges durchsäuert den gesamten Teig.  Paulus allerdings
(im Gegensatz zu den Erwartungen der Gegner) hat kraft christlicher Gemeinschaft mit dem Herrn das gute Zutrauen zu ihnen,
daß ihr Sinn fortan auf nichts andres gehen wird, als worauf
sein Sinn in dieser Zurede sich richtet; doch wird, wer die Ver-
wirrung bei ihnen betreibt, in der That das göttliche Urteil zu
11. tragen haben²), wer immer er sein möge.  Auf den letzten Be-
weggrund der Gegner, der eben auch der Grund ihrer Verwerf-
lichkeit ist, deutet Paulus hin, indem er seine Person und sein
dem ihren entgegengesetztes Verhalten denselben gegenüber- und
dem prüfenden Urteile der Brüder unter-stellt.  Setzt er den Fall,
er wolle seine Predigt zur Fortsetzung derjenigen machen [? seine
Predigt sei Fortsetzung derjenigen], welche Beschneidung fordert,
wie die Gegner, dann ist der Anlaß für die Fortsetzung der
ihn treffenden Verfolgung gehoben; [? wenn er, wie man ihm vor-
wirft, nicht überhaupt ein Ende mit der Verkündigung der Beschneidung gemacht hat, warum findet dann seine Verfolgung nicht
ein Ende? der Anlaß fehlt ja:] es ist dann eben der Anstoß des
Kreuzes abgethan; und damit ist gesagt, weshalb Paulus nicht
aufhören will und kann, den Anlaß zu fortgesetzter Verfolgung
12. zu bieten³).    Möchten jene doch von dem Betriebe der Beschneidung dazu fortschreiten, sich zu verschneiden (und durch solche Ge-
setzeswidrigkeit⁴) ihre thörichte Willkür⁵) deutlich darstellen), welche
die Galater in Unruhe versetzen, indem sie wider die ihrem Christen-
leben ziemende Ordnung, nämlich wider den Freiheitsstand wirken.
13.       Denn die Leser kann Paulus daran mahnen, daß Freiheit
der Zweck war, auf den ihre Berufung⁶) sie hingewiesen hat;
und das gilt für sie fort, mit der einzigen Einschränkung, daß
dieser Freiheitsstand nicht als Anlaß zur Bethätigung der sinnlichen sündigen Natur, des Fleisches, behandelt werde, sie sich
vielmehr durch die Liebe (die Auswirkung des Glaubens)⁷) als
Sklaven gegen einander (nicht gegen das Gesetz)⁸) erweisen. Diese

---

1) 1, 6. —      2) 1, 8. 9. 2, 11. —      3) 6, 12—14. 1, 10. —
4) 5 Mose 23, 2 (1). —    5) vgl. 6, 13. —      6) B. 8. 1, 6 vgl. 4, 15.
3, 1. 5, 1. —    7) B. 6. —    8) B. 1.

Selbſtknechtung ſchließt die Freiheit vom Geſetze in ſich; denn das 14. Geſetz in ſeinem ganzen Umfange[1]) hat bereits ſeine Erfüllung gefunden, wo das eine Wort, welches Gleichſtellung der Nächſten- liebe mit der Selbſtliebe fordert[2]), wirkſam wird. Wenns da- 15. gegen bei den Galatern wie bei den wilden Thieren hergeht, die einander beißen und freſſen, ſo mögen ſie zuſehen, daß ſie nicht auch von einander aufgezehrt werden und ſo ihren Chriſtenſtand gegenſeitig zerſtören. Unter ausdrücklicher Ankündigung weiterer 16 f. Erörterung dieſer kurzgefaßten Mahnung legt Paulus dar, jene den Leſern vorzuhaltende einſchränkende Bedingung[3]) finde die ausreichende Verbürgung ihrer Erfüllung in ihrem Chriſten- ſtande[4]), ohne daß ſie nötig haben, für ihren geiſtlichen Anfang die Vollendung mittels einer Geſetzlichkeit zu erſtreben, welche die ſinnliche, ſündige Natur nur maßregelt[5]) und dabei den vor Augen liegenden Hader hervorruft. Laſſen ſie ſich's geſagt ſein, daß ſie Geiſt[6]) die beſtimmende Macht ihrer Lebensführung ſein laſſen, ſo wird es bei ihnen nicht dazu kommen, daß ſie Fleiſches begierde ausführen; denn dieſe beiden ſchließen die beſtimmende Macht 17. über das thätige Leben wechſelſeitig aus; das Begehren des Flei- ſches geht gegen den Geiſt, und das des Geiſtes gegen das Fleiſch; ſie ringen nämlich wider einander, um das Inswerkſetzen einer [? dem betreffenden Antriebe widerſprechenden] Willensregung zu hindern. Wenns aber Geiſt iſt, was nun entſcheidender Weiſe 18. die Triebkraft für ihr Leben bildet, dann ſtehen ſie nicht mehr unter Geſetz[7]) mit ſeinen einzelnen Forderungen[8]). Offenkundig 19. aber ſind die thätigen Äußerungen des Fleiſches, ſo daß man nicht etwa noch der geſetzlichen Kennzeichnung derſelben bedarf; zu der Art gehören ja die Äußerungen der Sinnenluſt — wie Hurerei, Unreinigkeit und Schwelgerei; die des Aberglaubens, wie Götzen- 20. dienſt und Zauberkünſte; die der Liebloſigkeit[9]), als Feindſchaften, Hader, Eifer, Heftigkeiten, Eiferſüchteleien[10]), Zwieſpältigkeiten, Abſonderungen, Neid [,Mord]; die geſellige Genußſucht, wie Trunk 21. und Gelage, und dem Gleichartiges; von dieſen Dingen ſagt

---

1) 3, 10. 12. —　　2) 3 Moſe 19, 18. —　　3) B. 13. — 4) 4, 6. 7. 3, 26 f. —　5) 3, 3 vgl. 6, 12. 13. —　6) 3, 2—5. 14. 4, 6. —　7) 3, 25. 4, 5. 6. —　8) B. 14. 3, 10. 12. —　9) B. 13. — 10) B. 26.

Paulus ihnen, wie er's ja auch ehedem gethan[1]), voraus, daß
solche, die dergleichen treiben, freilich keinen Erbanteil am Gottes-
reiche erlangen werden[2]). So wenig nun das Evangelium hier
einer Ergänzung durch Gesetz bedarf, so wenig auch nach der
22. andern Seite. Die selbstverständliche einheitliche Auswirkung des
Geistes besteht dagegen in Liebe, Freude, Frieden, Langmut, Mil-
23. digkeit, Gütigkeit, Vertrauen, Sanftmut[3]), enthaltsamer Selbst-
beherrschung[4]). Mit dergleichen haben es die Verbote des Ge-
24. setzes nicht zu thun. Was sie aber betreffen, wie die obengenannten
Fleischesäußerungen, das bleibt eben außerfrage, denn diejenigen,
die dem Messias Jesus[5]) angehören, haben sich den Kreuzestod
dazu dienen lassen, daß die bestimmende Macht des Fleisches samt
der sündlichen Bestimmbarkeit und Begehrlichkeit für sie abge-
25. schnitten ist[6]). So hält denn Paulus sich und den Lesern die
Pflicht vor, Geist, wie er die bestimmende Bedingung ihres Lebens
26 f. ist, auch die ihres Lebenswandels sein zu lassen[7]). Die folgenden
einzelnen Aufforderungen sind Ausführungen der oben[8]) gestellten
einen Forderung, mit Rücksicht auf die gekennzeichnete Gefahr der
26. fleischlichen Lieblosigkeit. Christen dürfen sich nicht als eingebildete
Leute[9]) erweisen, indem sie einander zum Wetteifer herausfordern,
6, 1. einander still beneiden. Mit besondrer Anrede warnt Paulus vor
liebloser Selbstgerechtigkeit; selbst wenn ein Mensch mitten in irgend
einem Fehltritte betroffen ist, sollen sie als die vom Geiste
bestimmten[10]) einen solchen in einer Sanftmut, die der Geist[11])
eingiebt, zurechtbringen, wobei ein jeder sein Augenmerk auf
sich selbst richten mag, damit nicht auch er in Versuchung gerate.
2. Man soll wechselseitig die betreffenden Lasten, welche die Versuch-
lichkeit jedem Menschen auflegt, tragen, und auf diesem Wege wird
die Erfüllung des Gesetzes, welches der Messias gegeben hat,
3. [vollzogen sein] sich vollziehen[12]); wenn nämlich jemand sich ein-
bildet, etwas Besondres zu sein, während er doch nichts Wertvolles
4. ist, so ist er sein eigner Betrüger; vielmehr ist's am Platze, daß

---

1) 1, 9. 4, 13 vgl. 1, 11. 16. 2, 2. — 2) 4, 29—31. 3, 18.
20. 4, 7 vgl. zu 3, 15 f. — 3) B. 13. — 4) B. 21. 19. —
5) vgl. 3, 24. 13. — 6) 2, 20 f 1, 4. — 7) 3, 3. — 8) 5, 13. 14. —
9) 6, 3. — 10) 5, 18. 22 f — 11) 5, 23. 13. — 12) 5, 13. 14
vgl. Matth. 22, 39.

ein jeder, was er selbst wirklich vollbracht hat, prüfe; dann wird sich für ihn selbst herausstellen, was denn sein Grund zum Rühmen sei, sofern er allein infrage steht, und nicht in Vergleichnng mit dem abschätzig angesehenen andern; denn, wo sich's um sitt- 5. liche Selbstschätzung handelt (und nicht um Liebesdienst)[1]), da läßt sich nichts auf den andern abladen, sondern jeder wird seine eigne Last tragen müssen[2]), und daran genug haben. Teilen 6. dagegen soll, wer im Worte unterrichtet wird, mit dem Unterrichtenden rücksichtlich aller Güter. Ein Irrtum, vor dem die 7. Leser zu warnen sind, wäre es, zu wähnen, Gott sei dazu angethan, sich und seine Ordnung gering achten zu lassen; denn es bleibt bei der Ordnung, daß die Erndte eines Menschen seiner Aussaat durchaus entspricht; da — bei der dem Christen gestellten 8. Alternative[3]), sofern ja Aussaat und Acker auf einander berechnet sein müssen — wer selbstsüchtig sein Fleisch zu seinem Acker- felde wählt, von dem Fleische Verderben erndten wird, wer aber den Geist zum Saatfeld wählt, von ihm ewiges Leben[4]) erndten wird[5]). Das Löbliche auszuführen, dürfen die Christen denn 9. mit Paulus nicht laß werden, denn an dem der Erndte zukom- menden Zeitpunkte werden sie das Erndten beginnen und betreiben, ohne daß dabei Ermattung eintreten könnte. Folglich ergiebt sich 10. die Aufforderung, solange gelegene Zeit für sie da ist, im Ver- hältnis zu allen das Gute zu wirken, vornehmlich aber im Ver- hältnis zu den Genossen des Glaubens[6]).

Den mit eigner Hand geschriebenen Schluß empfiehlt Paulus 11. den Lesern unter Hinweis auf die Form der Buchstaben zu be- sondrer Beachtung. Noch einmal[7]) stellt er sie vor die Wahl zwi- 12 f. schen ihren Verführern und ihm selbst, indem er die tiefsten Be- weggründe für das beiderseitige Verhalten aufdeckt. Die Sinnes- 12. richtung darauf, ein gutes Ansehen im Gebiete sinnlich natürlichen Lebens[8]) zu erwerben[9]), kennzeichnet die Gattung derjenigen (christ- lichen Lehrer), welche die Leser nötigen sich beschneiden zu lassen[10]); dabei geht ihre bestimmte Absicht ausschließlich dahin, rücksichtlich

---

1) B. 2. 5, 13. —    2) vgl. 5, 10. —    3) 5, 6 f. 3, 3. —
4) 3, 11 zu 3, 10 f. —    5) 5, 5. —    6) vgl. 3, 7. 29. — 1, 23. —
7) 1, 6 f. 4, 17 f. 5, 10. 11. —    8) 3, 2. 2, 20. —    9) vgl.
1, 10. 2, 12 f. —    10) 2, 3. 5, 2 f.

des Kreuzes des Messias (von dem ein Evangelist nicht schweigen kann)[1]) zu vermeiden, daß dasselbe ihnen zur Ursache über sie ergehender Verfolgungen werde[2]) — durchaus nicht dahin, die Gel-
13. tung des Gesetzes bei den Lesern ernstlich zu fördern[3]). Denn sieht man auf diejenigen Christen [? die Juden], bei denen Beschneidung fortbestehende Sitte ist, so sind sie nicht einmal selbst Gesetzesbeobachter[4]), sondern, wenn sie von den Lesern fordern, daß dieselben sich der Beschneidung (als Einfügung in das Volk Israel) unterziehen, so sehen sie es darauf ab, an der sinnlichen Natur derselben einen Grund zum Rühmen (vor den Volksge-
14. nossen) zu gewinnen. Im Gegensatze zu diesem Treiben weist Paulus für sich jeden Grund zum Rühmen ab, außer dem Kreuze dessen, der aller Christen Herr ist, Jesu Christi[5]), welches das Verhältnis des Paulus zu allem, was Welt außer Christo ist, so abgeschlossen hat, daß ihre Bedeutung für ihn und seine Ange-
15. hörigkeit an sie zu Ende ist[6]); denn weder Beschneidung hat an sich Wert noch Vorhaut, sondern lediglich eine neue Schöpfung
16. anstelle des Bisherigen[7]). Und über die Gattung derjenigen Christen, welche diesen Grundsatz fortan[8]) werden die Regel ihres Lebenswandels sein lassen[9]), wünscht Paulus Frieden herab und Erbarmen[10]), und eben damit über das Israel[11]) Gottes im
17. Unterschiede von dem fleischlichen[12]). Für die Folgezeit möge ihm niemand mehr Mühsale bereiten[13]); er trägt ja (im Widerspiel zu der Leidensscheu ihrer Verführer)[14]) die Malzeichen des Dienstes, den er Jesu leistet[15]), in den Leidensspuren an seinem Leibe[16]).
18.     Indem er zum Schlusse seinen Segenswunsch wiederholt, hebt er hervor[17]), daß die Gnade ihrem Geiste[18]) gelte und läßt seine Zuschrift ausdrücklich in brüderliche Anrede ausklingen[19]).

---

1) 2, 15 f. bef. 20. 3, 1. —     2) 5, 11. —     3) vgl. 5, 3. —
4) ? 3, 10 f. —     5) 2, 20. 21. vgl. 5, 24. —     6) vgl. 1, 4. —
7) 5, 6. 4, 19. 2, 20. —     8) [? überhaupt]. —     9) vgl. 5, 25. —
10) 1, 3. —     11) Pf. 125, 5 (128, 6). —     12) 4, 7. 3, 29. 4, 28. 29 vgl. Pf. 125. —     13) vgl. 4, 19. 20. —     14) V. 12. —
15) 1, 10. —     16) 5, 11 vgl. 4, 13 f. —     17) 1, 3. —     18) vgl. 6, 1 und 13. —     19) vgl. 1, 2. 4, 12.

# Inhaltsübersicht.